MAKULIERT!

Entwidmet aus den Beständen
der Stadtbibliothek Tempelhof-Schöneberg

BusinessVillage

Renate Birkenstock, Ilona Quick

Mit Small Talk zum Big Talk

Ins Gespräch kommen – im Gespräch bleiben

BusinessVillage

Renate Birkenstock, Ilona Quick
Mit Small Talk zum Big Talk
Ins Gespräch kommen – im Gespräch bleiben
1. Auflage 2015
© BusinessVillage GmbH, Göttingen

Bestellnummern
ISBN 978-3-86980-275-6 (Druckausgabe)
ISBN 978-3-86980-276-3 (E-Book, PDF)

Direktbezug www.BusinessVillage.de/bl/953

Bezugs- und Verlagsanschrift
BusinessVillage GmbH
Reinhäuser Landstraße 22
37083 Göttingen
Telefon: +49 (0)5 51 20 99-1 00
Fax: +49 (0)5 51 20 99-1 05
E-Mail: info@businessvillage.de
Web: www.businessvillage.de

Autorenfotos
Bild Renate Birkenstock: Fotografin: Silvia Kalinowski, www.silvia-kalinowski.de
Bild Ilona Quick: Fotografin: Diana Beppler, www.gestaltenreich-fotografie.com

Layout und Satz
Sabine Kempke

Druck und Bindung
www.booksfactory.de

Copyrightvermerk
Das Werk einschließlich aller seiner Teile ist urheberrechtlich geschützt. Jede Verwertung außerhalb der engen Grenzen des Urheberrechtsgesetzes ist ohne Zustimmung des Verlages unzulässig und strafbar.
Das gilt insbesondere für Vervielfältigung, Übersetzung, Mikroverfilmung und die Einspeicherung und Verarbeitung in elektronischen Systemen.
Alle in diesem Buch enthaltenen Angaben, Ergebnisse usw. wurden von dem Autor nach bestem Wissen erstellt. Sie erfolgen ohne jegliche Verpflichtung oder Garantie des Verlages. Er übernimmt deshalb keinerlei Verantwortung und Haftung für etwa vorhandene Unrichtigkeiten.
Die Wiedergabe von Gebrauchsnamen, Handelsnamen, Warenbezeichnungen usw. in diesem Werk berechtigt auch ohne besondere Kennzeichnung nicht zu der Annahme, dass solche Namen im Sinne der Warenzeichen- und Markenschutz-Gesetzgebung als frei zu betrachten wären und daher von jedermann benutzt werden dürfen.

Inhalt

Vorwort

»Gewinnen beginnt mit beginnen.«

William Shakespeare (1564–1616), englischer Dramatiker, Lyriker und Schauspieler

Small Talk als Teil von Kommunikationskompetenz zählt zu den Soft Skills, den sogenannten weichen Fähigkeiten, also zu solchen, die über die eigentliche fachliche Qualifikation hinausgehen. In einigen Branchen und für bestimmte Positionen gelten Soft Skills inzwischen als die eigentlichen Key Skills.

Denn in der heutigen Zeit unterscheiden sich Produkt- und Dienstleistungsangebote oft nur noch geringfügig. Daher wird Kommunikationsstärke sowohl für den wirtschaftlichen Erfolg eines Unternehmens als auch für die persönliche Karriere immer wichtiger. Small Talk ist der erste Schritt *ins Gespräch zu kommen* und über den Augenblick hinaus eine Beziehung aufzubauen, um längerfristig *im Gespräch zu bleiben*.

Dieses Buch konzentriert sich auf den Small Talk im Beruf und bietet ein einfaches klares Konzept, welches Sie in die Lage versetzt, mit wenigen Regeln und Techniken einen guten Small Talk zu führen. Auch bestehende etwaige Hemmungen und Blockaden werden Sie zu meistern lernen. Small Talk ist weder hohe Kunst noch überflüssiges seichtes Geschwätz, sondern mit *Small Talk kommen Sie zum Big Talk* und wenn gewünscht, darüber hinaus zu längerfristigen Geschäftsbeziehungen, persönlichen Bekanntschaften und Freundschaften. Wenn Sie mit Small Talk einen ersten Kontakt hergestellt haben, ist das schon die Basis für einen Big Talk, dem Sach- und Fachgespräch.

Wir führen Sie in diesem Buch von kleinen kurzen Begegnungen zu komplexeren Gesprächen, in denen Sie aktiver agieren müssen, bis hin zu Situationen, die eine ausgeprägte kommunikative Kompetenz verlangen, wie es etwa bei Akquisegesprächen, beim Netzwerken und schließlich als Gastgeber erforderlich ist.

Alles, was Sie mitbringen müssen, um von diesem Buch zu profitieren, sind Freude an neuen Kontakten, der Wunsch, künftige Begegnungen positiver, aktiver und bewusster zu gestalten sowie eine grundsätzliche Bereitschaft, die in den einzelnen Kapiteln gegebenen Ratschläge nach und nach auszuprobieren und umzusetzen.

Mit diesem Ratgeber wenden wir uns an berufstätige Frauen und Männer. In den Beispielen agieren daher sowohl männliche als auch weibliche Personen. Aus Gründen der Lesbarkeit und der Einfachheit halber verzichten wir aber außerhalb davon auf eine geschlechtsspezifische Schreibweise und haben die neutrale männliche Form gewählt.

Wir wünschen Ihnen erfolgreiche Small-Talk-Gespräche.

Berlin im Februar 2015

Renate Birkenstock   Ilona Quick

Was ist Small Talk?

»Bekanntschaften, wenn sie sich auch gleichgültig ankündigen, haben oft die wichtigsten Folgen.«

Johann Wolfgang von Goethe (1749–1832), deutscher Dichter

Dieses Buch beschäftigt sich mit Small Talk im Beruf. Der klare Bezug zum beruflichen Umfeld definiert somit deutlich die angesprochene Personengruppe: Small Talk, wie wir ihn in diesem Buch verstehen, führen Sie mit Personen, die Sie gar nicht oder nur oberflächlich kennen oder die Sie nicht häufig sehen. Es sind in jedem Fall immer Personen, zu denen Sie eine gewisse Distanz haben, Kunden, Vorgesetzte, Geschäftspartner, Kollegen oder Ihre Mitarbeiter.

Wir wollen Sie durch unser klar definiertes und strukturiertes Konzept ermutigen, künftig nicht nur durch Fachwissen zu glänzen, sondern einen Schwerpunkt Ihres Kommunikationsverhaltens auf den Small Talk zu legen. Über den Small Talk werden wir wahrgenommen und erinnert. Denn Small Talk als Teil von Höflichkeit und eines gelungenen ersten Eindrucks ist eine Kommunikationsleistung, die unverzichtbar für jedes Unternehmen ist und für jeden, der beruflich weiter kommen will.

1.1 Hohe Kunst oder seichtes Geschwätz?

Der britische Politiker Philip Dormer Stanhope suchte im Jahr 1751 nach einem anderen Wort für ›chit-chat‹ (deutsch Geschwätz oder Gerede) und erfand dafür den Begriff ›Small Talk‹. Später wurde Stanhope als Earl of Chesterfield berühmt für seine Ratschläge, wie man auf gesellschaftlichem Parkett vorankommt, ohne allzu viel Skrupel zu zeigen.

Small Talk ist aber keineswegs eine typisch britische Angelegenheit oder nur in höherem gesellschaftlichen Rahmen relevant.

Der *Duden* übersetzt Small Talk heute mit ›leichter, beiläufiger Konversation‹, der *Pons Dictionary* mit ›oberflächlicher Konversation‹, die wörtliche Übersetzung lautet ›kleines Gespräch‹.

Small Talk wird gerne auch als Alltagsgespräch ohne Tiefgang verstanden. Kritiker betrachten ihn daher als seichtes Geschwätz, das sie daran hindert, direkt zum Wesentlichen, dem Fach- oder Sachgespräch zu kommen und welches sie davon abhält, verschiedene Themen in aller Tiefe zu behandeln. Im privaten Umfeld, wie zum Beispiel mit dem Bäcker über das Wetter zu plaudern, findet noch Zustimmung, sich jedoch mit einem Geschäftspartner über das Wetter auszutauschen, scheint den Kritikern zu banal. Aussagen wie ›Small Talk ist doch nur belangloses Geplauder‹, ›im Geschäftsleben ist das Fachthema wichtiger‹ oder ›dafür haben wir hier keine Zeit‹, hören wir oft. Andererseits gibt es seit den Siebzigerjahren eine Fülle an Ratgebern, die sich mit Small Talk beschäftigen. Dabei fallen auch Formulierungen wie ›hohe Kunst des kleinen Gesprächs‹, ›perfekter Small Talker‹, ›auf dem glatten Parkett des Small Talks‹, wodurch der Eindruck vermittelt wird, dass man sich zunächst in verschiedenen Bereichen weiterbilden müsse, bevor man sich beim Small Talk wohlfühlen und sicher agieren kann.

Hohe Kunst oder seichtes Geschwätz – das sind sicherlich die beiden extremen Sichtweisen. Unserer Meinung nach ist Small Talk weder das eine noch das andere, sondern eine Fähigkeit, die sich jeder aneignen kann, um locker ins Gespräch und damit leichter in den Big Talk zu kommen.

KOMPAKT

1.2 Wozu braucht man Small Talk?

Wir möchten mit diesem Buch Ihre Sensibilität dafür wecken, welche Bedeutung Small Talk für Ihren Berufserfolg haben kann. Allen Skeptikern zum Trotz wird Small Talk auch im Arbeitsleben nicht mehr als Zeitverschwendung angesehen, sondern zählt zu den gefragten sogenannten Soft Skills, zu den Fähigkeiten, die über die berufliche Qualifikation hinausgehen und einen positiven Einfluss auf erfolgreiches Handeln haben. Kommunikationsstärke oder Kommunikationskompetenz wird immer häufiger bereits in Stellenanzeigen als Voraussetzung genannt.

Small Talk dient dem gegenseitigen Kennenlernen, soll peinliche Gesprächspausen vermeiden und eröffnet im Geschäftsleben die Möglichkeit, zunächst mit unverfänglichen Themen, eine angenehme und lockere Atmosphäre zu schaffen, bevor es zum Fach- oder Sachgespräch und damit zum sogenannten Big Talk kommt oder Verhandlungen beginnen.

Mit Small Talk können Sie kurze zufällige Begegnungen nett und locker gestalten, wichtige geschäftliche Gespräche wie in einem Sandwich angenehm verpacken, sich in eine Gruppe einbringen und erste Kontakte in einem Netzwerk starten.

Bei Personen, die Sie flüchtig kennen, kann er die Beziehungen zueinander vertiefen. Small Talk soll keine wichtigen Fakten vermitteln, sondern über den Sachzweck des Gespräches hinaus ein persönliches Kennenlernen ermöglichen.

1.3 Das Gespräch auf der Beziehungsebene

Im Small Talk geht es um Themen des privaten beziehungsweise gesellschaftlichen Lebensbereiches und der persönlichen Wahrnehmung. Unter der Beziehungsebene verstehen wir in diesem Buch die emotionale Einstellung zum Gesprächspartner, alle persönlichen Mitteilungen, auch Tatsachen, die nicht zum eigentlichen Sachgespräch oder Verkaufsgespräch gehören.

In schwierigen Fachgesprächen oder Verhandlungen ist es von zentraler Bedeutung, zunächst eine harmonische, persönliche Atmosphäre zu schaffen und mögliche vorhandene Störungen auf der Beziehungsebene auszuräumen. So entsteht die Grundlage für einen Austausch auf der Sachebene und die Basis für einen auf beiden Seiten annehmbaren Konsens.

Schon Aristoteles, einer der einflussreichsten Philosophen der abendländischen Geschichte, hat in seiner Dialektik vorgegeben, dass es bei der Klärung eines Problems oder einer Frage mit einem Gesprächspartner zunächst herauszufinden gilt, ob und welche Gemeinsamkeiten bestehen. Dabei müsse man mitunter den gegebenen Gesprächsgegenstand verlassen, um auf einer allgemeinen Stufe eine Gemeinsamkeit der Basis herauszufinden. So jedenfalls interpretiert Rupert Lay Aristoteles. (Lay 1976: 10)

Damit hätte Aristoteles bereits eine wichtige Regel für den Small Talk geschaffen, nämlich zunächst mit einem Gespräch Übereinstimmungen auf neutralem Boden zu finden, bevor es zum Big Talk geht.

1.4 Die drei Ebenen des Small Talks

Damit Sie Small Talk sinnvoll einsetzen können, ist es wichtig, zu wissen, was es für Small-Talk-Situationen gibt und woran Sie diese erkennen. Dann können Sie die Initiative ergreifen und aktiv werden. Darum haben wir ein übersichtliches Konzept geschaffen, in dem verschiedene Gesprächssituationen unterschiedlichen Ebenen zugeordnet sind.

Es gilt zunächst zu überlegen, was die Aufgabe des Small Talks ist oder welches Ziel Sie mit diesem Gespräch verfolgen.

Wir unterscheiden drei Ebenen:

Abbildung 1: Die Ebenen und Ziele des Small Talks

Auf der *untersten* Ebene hat der Small Talk das Ziel, eine kurze Zeitspanne mit einem lockeren und freundlichen Gespräch zu überbrücken. Typisch für diese Ebene sind zufällige Begegnungen, die automatisch enden.

Auf der *mittleren* Ebene geht es um Begegnungen, die vorhersehbar sind und die Sie teilweise bewusst beenden müssen, sei es um in ein Sachgespräch überzuleiten oder um sich zu verabschieden. Die Aufgabe des Small Talks auf dieser Ebene ist es, Übereinstimmungen oder gemeinsame Interessen mit dem Gesprächspartner zu finden oder Gemeinsamkeiten zu bestärken.

Auf der *obersten* Ebene wollen Sie Kontakte pflegen oder Verbindungen zwischen Gesprächspartnern herstellen, zum Beispiel als Gastgeber einer Veranstaltung.

Jeder Small Talk lässt sich in eine dieser Ebenen einordnen

Aus der Abbildung wird deutlich, dass es auch Überschneidungen gibt: so kann ›Kontakte knüpfen‹ ein Gesprächsziel der untersten Ebene oder der mittleren Ebene sein.

Die Einteilung in diese Ebenen ist unser Grundprinzip, das sich als roter Faden durch dieses Buch zieht. Jede Gesprächssituation lässt sich in eine der Ebenen einordnen. Wir haben den Ebenen Regeln und Techniken zugeordnet. Sobald Sie wissen, in welche Ebene eine Situation gehört, können Sie die entsprechende Technik anwenden.

Die Anforderungen an die Akteure werden komplexer, je höher eine Ebene ist. Die entsprechenden Techniken sind nicht als starre Vorgaben zu verstehen. Vielmehr stellen wir Ihnen ein Raster oder Gerüst zur Verfügung, das Ihnen einen individuellen Spielraum lässt, Small-Talk-Situationen authentisch zu meistern. Unter Authentizität verstehen wir, dass Sie so ehrlich und unverstellt wie möglich auftreten.

Wir werden Sie nicht auffordern, sich bestimmte Floskeln anzueignen oder Sprüche und Phrasen auswendig zu lernen. Zumal jeder überfordert wäre, wenn er sich für jeden erdenkbaren Anlass einen Spruch merken müsste. Wir werden Ihnen auch nicht empfehlen, sich eine Palette Notlügen zu Recht zu legen, die Sie in verschiedenen Situationen anwenden können. Sie werden hier auch nicht lernen, von einem ruhigen, zurückhaltenden, eher introvertierten Menschen zu einem extrovertierten Vielredner zu mutieren, der auf beruflichen Veranstaltungen von einem zum anderen schwirrt oder der sich zum Meister im Witzeerzählen entwickelt.

Sie werden hier erfahren, wie Sie, so wie Sie sind, künftig locker und unverkrampft mit anderen kommunizieren und Freude an neuen Kontakten entwickeln, die Sie aktiv von sich aus beginnen und die sich vorteilhaft für Ihre Karriere und auch andere Lebensbereiche auswirken können.

Was Sie an Voraussetzungen mitbringen sollten, ist Interesse an Ihrem Gesprächspartner, die Bereitschaft, Verantwortung im Gespräch zu übernehmen und eine Konsumentenhaltung zu vermeiden.

Mit wenigen klaren Regeln kann sich jeder im Small Talk angemessen verhalten. Denn mit einem guten Small Talk

- demonstrieren Sie Kommunikationsfähigkeit,
- zeigen Sie soziale Kompetenz,
- strahlen Sie Selbstsicherheit aus,
- beweisen Sie gesellschaftlichen Schliff und gute Umgangsformen,
- beginnen Sie das Gespräch und legen Sie den Grundstein, im Gespräch zu bleiben.

Das große Schweigen aus der Chefetage

»Die einzige Möglichkeit, Menschen zu motivieren, ist die Kommunikation.«

Lee Lacocca (*1924), ehemaliger US-amerikanischer Manager

2.1 Persönlichkeit ist entscheidend – Fachwissen nicht alles

Das ist laut Deutschem Industrie- und Handelskammertag eine der wichtigsten Erkenntnisse einer Online-Umfrage nach den Erwartungen der Wirtschaft an Hochschulabsolventen (DIHK 2011). Bei Einstellungen für die Geschäftsleitungsebene ist hohe kommunikative Kompetenz vorrangig. Außerdem erwarten Unternehmen von Hochschulabsolventen Top-Kompetenzen wie Einsatzbereitschaft, Verantwortungsbewusstsein, selbstständiges Arbeiten und Teamfähigkeit.

Diese so genannten Soft Skills entwickeln sich in der Bewertung der Unternehmen immer mehr zu Key Skills, offenbar weil hier die größten Defizite ausgemacht werden. Das wird bereits in einer Vorgängerstudie des Deutschen Industrie- und Handelskammertages (DIHK Dresden 2004) vermutet. Soziale und persönliche Kompetenzen sind für die Unternehmen unverzichtbar, Abstriche werden hier nicht toleriert.

Bei der Frage in einem Vorstellungsgespräch, ob Sie gut hergefunden haben und wie Ihre Anreise war, wird nicht Ihr Orientierungsvermögen getestet, sondern wie locker Sie in einer Stresssituation einen Small Talk führen können. Denn auch internationale Studien belegen: Beruflicher Erfolg ist nur zu 50 Prozent auf die Fachkompetenz der Mitarbeiter zurückzuführen. Die übrigen 50 Prozent werden mit Schlüsselkompetenzen wie Kommunikationsstärke und Teamfähigkeit erreicht. Das haben auch Chefetagen und Personalführungen verinnerlicht.

Da ist es verwunderlich, dass unzureichende Kommunikation mit Mitarbeitern zu den meistgenannten Führungsfehlern zählt und zwar ebenfalls zu circa 50 Prozent. Offenbar sitzen viele Vorgesetzte in einer Falle, aus der sie nur schwer herausfinden. 51 Prozent der Kriterien, die Chefs bei der Führung ihrer Mitarbeiter wichtig sind, sehen sie bei sich selbst in ihrem Alltag nicht verwirklicht. Das fand eine Studie im Auftrag des Bundesarbeitsministeriums heraus, für die vierhundert Führungskräfte befragt wurden (Bundesanstalt für Arbeitsschutz und Arbeitsmedizin 2014).

Nur die Hälfte der deutschen Top-Manager informiert ihre Mitarbeiter und Kollegen ausreichend über wichtige geschäftliche Vorgänge, 49 Prozent sorgen nicht für klare Zuständigkeiten, ebenfalls nur mangelhaft kommunizieren 44 Prozent ihre Erwartungen, Ziele sowie die individuellen Möglichkeiten, zum Unternehmenserfolg beizutragen (LAB & Company in Zusammenarbeit mit der Hochschule Coburg 2012). Aber auch andere Untersuchungen kommen zu dem Ergebnis, dass Vorgesetzte zwar einerseits großen Wert auf Soft Skills und insbesondere auf Kommunikationskompetenz bei Ihren Mitarbeitern legen, selbst aber kein gutes Vorbild sind.

2.2 Chefs geben für ein offenes Miteinander die Richtung vor

Ein großer Teil der deutschen Unternehmen hat hierarchische Strukturen, in denen die betriebliche Rangfolge durch das Equipment der Arbeitsräume zu erkennen ist. Das muss aber nicht bedeuten, dass in solchen Unternehmen die persönliche Kommunikation zwischen Vorgesetzten und Mitarbeitern schlechter ist als in Unternehmen mit flachen Hierarchien und ausgeprägter Duzkultur. Flache Hierarchien erleichtern nicht automatisch die persönliche Kommunikation zwischen den betrieblichen Rangstufen. Denn für jedes Unternehmen und für jede Organisation gilt: Es gibt Chefs und es gibt Mitarbeiter. Dem Mitarbeiter ist bewusst, dass er bei seinem Vorankommen im Betrieb und bei Gehaltsverhandlungen abhängig vom Wohlwollen und der Einschätzung seines Vorgesetzten ist. Und der Chef trägt die Verantwortung dafür, dass das Unternehmen läuft und seine Mitarbeiter ihre Aufgaben erfüllen.

Einige Branchen sind besonders gefährdet, Kommunikation und Mitteilungen zwischen Kollegen und Weisungsbefugten nur noch zwischen PC und PC stattfinden zu lassen. Dazu gehören nach unseren Erfahrungen besonders technikaffine Branchen.

Auch falsche Körpersignale können – ohne dass es den Beteiligten bewusst ist – die Kommunikation und insbesondere den Small Talk erschweren. Wenn also der Chef missmutig oder böse guckend über den Flur läuft, wird der Mitarbeiter kaum angeregt sein, einen kurzen Small Talk mit seinem Chef zu beginnen. Auch das Gespräch mit einem Kunden wird eher steif und förmlich sein. Als Vorgesetzter sind Sie in der besseren Position, ein Gespräch auf der Beziehungsebene mit Ihren

Mitarbeitern zu beginnen, zum Beispiel auf dem Gang, in der Teeküche, auf dem Weg zum Parkhaus, im Aufzug. Gelegenheiten finden sich überall, jedoch werden Sie häufig von der Führungsetage nicht wahrgenommen. Wie wollen Sie von Ihren Mitarbeitern Teamfähigkeit und Kommunikationskompetenz erwarten, wenn Sie selbst völlig uninteressiert wirken, im Aufzug mit Ihren Mitarbeitern ein paar nette persönliche Worte zu wechseln?

2.3 Warum Führungskräfte schweigend durch die Unternehmen geistern

Das mürrische und manchmal unfreundlich wirkende Verhalten der Chefs ist – wie uns Seminarteilnehmer berichten – oft eine Art Selbstschutz. Sie wollen nicht

- in ein unerwünschtes Fachgespräch verwickelt werden,
- zu viel Nähe zulassen,
- auf Forderungen der Mitarbeiter angesprochen werden,
- Zeit verschwenden mit vermeintlich überflüssigem Gerede,
- unerwünschte Ratschläge erhalten,
- aus wichtigeren Gedanken herausgerissen werden,
- zwischen Tür und Angel zu einer Entscheidung gedrängt werden,
- nach Betriebsinterna oder Entscheidungen befragt werden, die sie noch nicht preisgeben wollen.

Doch die Lösung liegt nicht in einer Reduzierung der eigenen Gesprächsbereitschaft, sondern in einem auf die eigenen Bedürfnisse ausgerichteten Small Talk. Denn die vorgenannten Themen können Sie vermeiden, wenn Sie das Gespräch eröffnen und somit selbst das Thema vorgeben. Mit einem kurzen unverfänglichen Satz über Naheliegendes, Offensichtliches oder auch Triviales – warum nicht über das Wetter? Es ist eher unwahrscheinlich, dass Sie trotzdem auf ein ungewünschtes Thema angesprochen werden. Wenn doch, dann vertagen Sie das Thema:

»Dazu kann ich im Moment hier jetzt nichts sagen.«
»Das haben wir noch nicht endgültig entschieden, Sie werden darüber informiert, sobald wir das geklärt haben.«

2.4 Fördern Sie die interne Kommunikation

Mit bewusstem Small Talk mit Ihren Mitarbeitern fördern Sie das Betriebsklima und erleichtern die Kommunikation von unten nach oben. Ihre Mitarbeiter haben zwar nicht das Ganze im Blick, sind Ihnen aber in der Kenntnis von Detailfragen und Stimmungen im Unternehmen und auch bei Kunden oft überlegen. Wenn Sie also eine gesunde Small-Talk-Kultur in Ihrem Verantwortungsbereich etablieren, profitieren Sie zusätzlich von der Schwarmintelligenz und Ihr Wissen und Ihre Kreativität potenzieren sich.

Mitarbeiter wünschen sich persönliche Wertschätzung und ein Eingehen auf Probleme, die sie am Arbeitsplatz haben. Für ein kurzes Flurgespräch ist ein Small Talk oft ein guter Anlass, auf Probleme aufmerksam zu werden, die Sie dann zu gegebener Zeit intensiver behandeln können.

Als Vorgesetzter ist es Ihre Aufgabe, für das Kommunikationsverhalten in Ihrem Betrieb die Marschrichtung vorzugeben. Ein Small Talk im Vorübergehen bietet die Chance, menschlicher zu erscheinen und Bindung und Vertrauen zu fördern. Denn, wie Lee Lacotta sagt, nur mit Kommunikation fördern Sie die Motivation.

Mit einem kurzen lockeren Small Talk im Vorübergehen kommen Sie KOMPAKT **mit Ihren Mitarbeitern ins Gespräch und vermeiden einen als wesentlich erachteten Führungsfehler: die mangelnde Kommunikation mit Ihren Mitarbeitern. Small Talk ersetzt keine Anweisungen und betrieblichen Informationen, ist aber ein gutes Mittel, nicht die Bodenhaftung zu verlieren, positiv auf die interne Kommunikation einzuwirken und Hemmungen Ihrer Mitarbeiter abzubauen, mit Ihnen natürlich und offen zu kommunizieren. Dabei erfahren Sie manchmal rechtzeitig Interna, die Ihnen sonst verborgen bleiben.**

Wenn Sie gehemmt sind, ist das normal

»Wovor der Mensch sich am meisten fürchtet, das ist das Urteil der anderen Menschen.«

Albert Camus (1913–1960), französischer Schriftsteller und Philosoph

3.1 Sprich du zuerst

Gehören Sie auch zu den Menschen, die ein leichtes Unbehagen verspüren bei dem Gedanken, dass Sie gleich auf fremde Menschen treffen werden, mit denen Sie ein Gespräch beginnen sollten, um ein peinliches Schweigen zu vermeiden und nicht allein herumzustehen?

Obwohl wir Small Talk als ein kleines Gespräch auf der Beziehungsebene bezeichnen, das zunächst keinen tiefschürfenden Inhalt hat und die Absicht verfolgt, nicht sprachlos nebeneinander zu stehen oder einen ersten Kontakt herzustellen, fällt genau das vielen Menschen ausgesprochen schwer.

Auch hoch qualifizierte Fachleute retten sich gern und oft viel zu schnell in ein Sach- oder Fachgespräch, in ein Gebiet, in dem sie sich kompetent, wichtig und sicher fühlen und in dem sie ihren Gesprächspartnern etwas vermitteln können. Damit bringen sie sich um die Chance, zu ihren Gesprächspartnern eine persönliche Beziehung herzustellen. Und gerade das ist oft für ihren beruflichen Erfolg sehr wichtig. In diesem Kapitel werden wir die vermutlichen Gründe für dieses Unbehagen aufdecken und Ihnen zeigen, dass Ihre Bedenken unbegründet sind.

In vielen Branchen – insbesondere in Abteilungen mit Kundenkontakt – wird erwartet, dass die Mitarbeiter kontaktfreudig und kommunikationsstark sind und schnell und problemlos mit Kunden gute Gespräche beginnen und Kontakte herstellen können.

Wenn wir unsere Seminarteilnehmer bitten, ihre Erwartungen an ein Small-Talk-Seminar anonym auf Zettel zu schreiben, finden wir immer wieder die Aussage, dass ihnen das Ansprechen fremder Menschen schwerfällt und der Gedanke, nur über etwas Banales zu reden, sie zusätzlich blockiert. Sie können sich das nicht erklären und empfinden es als persönliche Schwäche.

Niemand würde in einem Bewerbungsgespräch zugeben, dass er sich überwinden muss, auf fremde Menschen aktiv zuzugehen und sie anzusprechen. Die sogenannte Kaltakquise per Telefon, die Kontaktaufnahme zu Personen, mit denen noch keine Geschäftsbeziehungen bestehen, ist vielen ein Gräuel. Sie fühlen sich dabei minderwertig, als Bittsteller und zum Klinkenputzer degradiert.

Den ersten Kontaktimpuls überlassen die meisten Menschen gern dem anderen. Hier erfahren Sie zunächst grundsätzliche Theorien, die Ihnen Mut machen werden, sich von Ihren Bedenken, auf andere Menschen zuzugehen, zu trennen und ein Gespräch zu beginnen.

Wie aus einer amerikanischen Studie hervorgeht, steht das Reden vor fremden Menschen auch heute noch an oberster Stelle aller Ängste, die Menschen haben (Morrow 1977).

Wovor Menschen Angst haben (nach William Morrow):	
Öffentliche Reden	41
Große Höhen	32
Ungeziefer, Geldmangel, tiefes Wasser	22
Krankheit und Tod	19
Fliegen	18
Einsamkeit	14
Hunde	11
Autos steuern oder mitfahren	9
Dunkelheit und Fahrstühle	8
Rolltreppen	5

3.2 Die Steinzeit lässt grüßen oder was befürchten Sie eigentlich?

Wir tragen noch die Gene der Steinzeit in uns. Nicht nur unsere moderne zucker- und fetthaltige Ernährung und unser Bewegungsmangel machen uns gesundheitlich zu schaffen, emotional sind wir noch immer auf das Leben in kleinen Familienverbänden oder Horden ausgerichtet, die in noch dünn besiedelten Regionen kaum Nachbarn hatten.

Wenn in der Steinzeit plötzlich eine fremde Gruppe hinter dem Busch hervorlugte, bedeutete das meistens nichts Gutes. Nun erwarten Sie sicher nicht, dass der Fremde am Stehtisch neben Ihnen im Seminarraum Ihr Leben bedroht, Ihnen Ihr Essen wegschnappt oder – falls Sie ein Mann sind – Ihre Frau wegzerrt und damit verschwindet. Es ist wohl eher eine diffuse Angst, die uns dieses Unbehagen beschert.

Übung: Schreiben Sie Ihre negativen Gefühle auf

Wenn Sie auch ein ungutes Gefühl haben, fremde Menschen anzusprechen, machen Sie sich eine Liste, was Sie daran hindert.

Ich befürchte:

1.

2.

3.

4.

5.

6.

7.

8.

9.

10.

Die meisten Menschen notieren sich Dinge wie ›Ich befürchte, von anderen abgelehnt zu werden‹ oder ›Der andere hat kein Interesse an einem Gespräch‹ oder ›Mir fällt nichts Interessantes ein‹ oder gar ›Die anderen stehen hierarchisch über mir und und wollen mit mir nichts zu tun haben‹. Ist das auch bei Ihnen so?

Nehmen Sie sich nun Punkt für Punkt Ihrer Liste vor und prüfen Sie jeden Punkt auf seinen Wahrheitsgehalt: Ist das wirklich so – woher weiß ich das? Was kann mir passieren, wenn es wirklich so ist? Wäre das ein Grund, auf viele interessante Bekanntschaften zu verzichten?

KOMPAKT **Sie werden feststellen, dass nicht viel übrig bleibt, was Sie wirklich befürchten müssen, wenn Sie die Initiative ergreifen und ein Gespräch mit Fremden beginnen. Und genau da, wo die Angst anfängt, sind unsere Chancen, nur wenn wir unsere Angst überwinden, Hemmungen und Blockaden abbauen, entwickeln wir uns weiter.**

3.3 Wie Sie Ihre Befangenheit überwinden

Wie oft nehmen Sie Gelegenheiten wahr, Menschen in Ihrem privaten Umfeld anzusprechen?

- Immer
- Oft
- Manchmal
- Selten
- Nie

Haben Sie auch ›selten‹ oder ›nie‹ geantwortet?

In ländlichen Gegenden ist es üblich, sich zu grüßen, wenn man sich auf einem Wanderweg begegnet. Das ist für Großstädter sehr ungewohnt, denn selbstverständlich können Sie nicht jedem Passanten, der Ihnen auf dem Berliner Kudamm entgegenkommt, ›Guten Tag‹ sagen.

Aber Sie haben auch in einer anonymen Großstadt zahlreiche andere lohnende Möglichkeiten, Menschen aus Ihrem unmittelbaren privaten Umfeld kennenzulernen. Ein gutes Trainingsfeld für Ihre ersten Small-Talk-Versuche bietet sich:

- im Mehrfamilienhaus,
- am Briefkasten,
- am Fahrstuhl,
- an der Mülltonne,
- beim Bäcker,
- im Supermarkt an der Kasse,
- in der Schlange bei der Post,
- an der Bushaltestelle,
- in der Bahn und im Flugzeug,
- im Sportverein,
- im Museum vor einem Exponat,
- im Park,
- im Wartezimmer beim Arzt, Tierarzt oder einer Behörde

Wir führen diese Möglichkeiten nicht ohne Grund auf. Denn es wäre ein Denkfehler, zu glauben, nur die Kommunikation im Beruf verbessern zu können. Unserem Gehirn ist es egal, ob Sie Small Talk in der Firma oder im Supermarkt trainieren. Daher empfehlen wir ausdrücklich, Small Talk bei jeder Gelegenheit zu üben. Im privaten Bereich können Sie nichts verderben, die Situationen sind immer recht kurz und haben ein natürliches Ende. Vermutlich werden Sie sich nach kurzer Zeit wundern, wie gut das klappt und was Sie an interessanten Neuigkeiten erfahren.

3.4 Wortlos durch den Alltag

Warum meiden Menschen alltägliche Kontaktgelegenheiten? Dafür gibt es die verschiedensten Erklärungsversuche.

Keine Zeit? Vermutlich benötigen Sie dazu keine zusätzliche Zeit. Ein kurzer Small Talk besteht nur aus wenigen Sätzen und findet oft statt, während Sie und Ihr Gesprächspartner zufällig eine kurze gemeinsame Zeit miteinander verbringen, zum Beispiel während Sie im Aufzug stehen, gemeinsam zum Parkplatz gehen oder den Briefkasten aufschließen.

Kein Interesse? Woher wollen Sie das wissen, wenn Sie den Menschen noch gar nicht kennen?

Der andere könnte genervt sein? Wieso sollte er? Sie sollen ihn ja nicht volltexten, wenn Sie merken, dass er mit den Gedanken woanders sein möchte.

Ich denke, das könnte aufdringlich wirken? Es wirkt eher nett und der andere freut sich vermutlich.

TIPP **Werfen Sie Ihre Bedenken und Hemmungen über Bord, Sie müssen nichts Bedeutsames verkünden, sagen Sie einfach, was Ihnen gerade einfällt und die Situation hergibt.**

3.5 Small Talk mit Fremden macht glücklich

Erinnern Sie sich an Situationen, in denen Sie einfach fröhlich mit Fremden drauflos geredet haben, weil Sie gut gelaunt waren und das Leben toll fanden? Die Angesprochenen fanden es mit Sicherheit erfreulich und gar nicht störend.

Menschen freuen sich, wenn andere Kontakt mit ihnen aufnehmen. Aber auch der Gesprächsinitiator ist danach nachweislich glücklicher, wie ein Chicagoer Experiment kürzlich nachgewiesen hat (Epley/Schroeder 2014). Dazu wurden einhundertachtzehn Pendler in drei Gruppen unterteilt.

- Die Mitglieder der ersten Gruppe sollten während einer Bahn- oder Busfahrt mit einem fremden Menschen ein Gespräch beginnen.
- Die Mitglieder der zweiten Gruppe wurden angewiesen, sich während der Fahrt miteinander zu unterhalten.
- Die dritte Gruppe bekam keine Vorgabe und konnte sich nach eigenem Bedürfnis verhalten.

Anschließend mussten die Studienteilnehmer Fragebögen ausfüllen und über ihre Stimmung Auskunft geben. Die erste Gruppe, mit der Aufgabe, mit völlig fremden Fahrgästen ein Gespräch zu beginnen, hatte deutlich bessere Laune, nachdem sie mit Fremden sprach und schätzte sich am glücklichsten ein!

Die Forscher schließen daraus, dass die meisten Menschen unterschätzen, wie gut ihnen soziale Kontakte tun. Denn außerhalb der Studie haben die Teilnehmer während einer Bus- oder Bahnfahrt nicht mit Fremden Kontakt aufgenommen.

KOMPAKT

Die Wahrscheinlichkeit, dass ein Small Talk mit Fremden ein negatives Erlebnis wird, ist gering. Im Gegenteil: solche Kontakte wirken sich nachweislich positiv auf die eigene Seelenlage aus. Bessern Sie daher Ihre Stimmung auf und reden Sie mit Fremden!

Worüber Sie mit Fremden reden

»Wer redet, was er nicht sollte, muss hören, was er nicht wollte.«

4.1 Alltägliches bringt Sie ins Gespräch

Es gibt nur wenige Themenkomplexe, die sich nicht für einen Small Talk eignen. Reden Sie über Alltägliches, über Themen, die Sie mit dem Gesprächspartner gemeinsam haben, wie die Räumlichkeiten, das Programm der Veranstaltung, das Essen oder die Getränke, Ihre Anreise, Ihren Bezug zum Gastgeber und selbstverständlich auch das Wetter. Auch wenn Sie die Person noch nicht kennen, sind das Ihre *situationsbedingten Gemeinsamkeiten*, die Sie in einem ersten Kontakt als Aufhänger nutzen können.

Im weiteren Verlauf des Gesprächs können Sie über Hobbys, Sport, Beruf, Haustiere, das aktuelle Tagesgeschehen, kulturelle Ereignisse und Ihren Urlaub sprechen. Den möglichen Themen sind nur wenige Grenzen gesetzt, solange sich Ihr Gesprächspartner auch weiterhin am Gespräch beteiligt. Ein wichtiger Grundsatz ist, äußern Sie sich positiv. Denn theoretisch kann jedes Thema auch zum Tabuthema werden: Sie können über das Wetter reden, Sie können aber auch über das Wetter jammern, Sie können etwas Kurzes oder Interessantes über Ihren Beruf oder Ihr Hobby sagen, sich aber auch in ein unangebrachtes Verkaufsgespräch oder in Details über Ihr Hobby verlieren und nicht bemerken, dass Ihren Gesprächspartner das Thema in dieser Ausführlichkeit nicht interessiert.

4.2 Ihr Fingerspitzengefühl ist gefragt

Sie kennen die Einstellungen und Überzeugungen Ihrer neuen Gesprächspartner noch nicht. Deshalb bergen Themen, die Werte, Moralvorstellungen oder religiöse und politische Überzeugungen betreffen, Konfliktpotenzial. Oder anders ausgedrückt, es ist schwierig über Werte, Politik oder Religion zu sprechen, ohne dabei eine Meinung zu vertreten. *»Na und«*, werden Sie vielleicht sagen, *»Ich werde doch wohl noch meine Meinung sagen können?«* Natürlich können Sie das, aber nur bedingt, wenn Sie einen guten Small Talk führen wollen.

Denn ein Small Talk ist keine Diskussions- oder Debattierrunde. Er ist auch kein Schlagabtausch, wer zu einem Thema die besseren Argumente parat hat. Dies trifft umso mehr zu, wenn Sie sich im beruflichen Umfeld bewegen. Um einen ersten Kontakt herzustellen, wollen Sie Ihr Gegenüber nicht mit einer Meinung brüskieren. Sie wollen vielmehr in einem angenehmen und nicht aufgeheizten Gesprächsklima herausfinden, ob Gemeinsamkeiten zwischen Ihnen bestehen. Deshalb ist es sinnvoll, nicht nur zu überlegen über was Sie reden, sondern auch manchmal inne zu halten, eine gewisse Zurückhaltung zu üben und sich einen weiteren Kommentar zu verkneifen.

Sie können nun einwenden, dass man über alles was man spricht, eine Meinung mit einbringt. Wenn Sie beispielsweise sagen: *»Die Sonne scheint, es ist wunderbares Wetter«*, spiegelt dieser Satz Ihre Einstellung wider. Das folgende Beispiel verdeutlicht, was gemeint ist:

Frau Niebel ist nach dreijähriger Elternzeit wieder zurück an Ihrem Arbeitsplatz. Bei einer hausinternen Fortbildung über eine neue Software kommt sie in der Pause mit Frau Sommer, einer Kollegin aus einer anderen Abteilung, ins Gespräch.

Niebel: »*Ich habe noch mit dem Vorgänger dieses Programms gearbeitet. Soweit ich mich entsinne, war das etwas logischer aufgebaut.*«

Sommer: »*Für mich ist das völlig neu, es scheint schon kompliziert zu sein, aber ich denke, da werden wir uns schon einarbeiten. Sie sagten, Sie haben schon mit dem Vorgängerprogramm gearbeitet, sind Sie dann schon länger im Unternehmen?*«

Niebel: »*Ich arbeite schon seit zehn Jahren hier, war aber die letzten drei Jahre in Elternzeit. Mir war es wichtig, so lange wie möglich bei meiner kleinen Tochter zu bleiben.*«

Frau Niebel hat hiermit Ihre Meinung kundgetan, verkneift sich aber, bevor sie mit einer Bemerkung darüber fortfährt, dass sie sich noch einarbeiten muss, folgenden Zusatz:

Niebel: »*Ich finde einfach, dass Babys und Kleinkinder zu Ihrer Mutter gehören und nicht zu Tagesmüttern oder in Kindergärten abgeschoben werden sollten.*«

Indem Frau Niebel ihren Kommentar für sich behält, verhindert sie, zu polarisieren oder in ein Fettnäpfchen zu treten. Denn sie weiß nicht, ob Frau Sommer auch Kinder hat, ob sie schnell wieder zurück an ihren Arbeitsplatz wollte oder das aus finanziellen Gründen musste und so weiter. Frau Niebel fährt daher wie folgt fort.

Niebel: »*Mir war es wichtig, so lange wie möglich bei meiner kleinen Tochter zu bleiben. Da muss ich jetzt natürlich in Kauf nehmen, dass ich mich teilweise neu einarbeiten muss.*«

Damit hält sie offen, ob Frau Sommer auf das Thema Kinder reagiert oder nicht.

Sommer: »*Das kann ich verstehen, ich bin auch zwei Jahre nach der Geburt meiner Tochter zu Hause geblieben. Das war für mich eine wichtige Zeit.*«

In diesem Fall hätten sich zwei Gleichgesinnte gefunden. Es besteht aber auch die Möglichkeit, dass Frau Sommer nicht auf das Kinderthema einsteigt:

Sommer: »*Naja, das ist klar, dass Sie sich jetzt wieder einarbeiten müssen, aber das geht sicherlich schnell.*«

Auch in diesem Fall wäre eine Basis für ein Fortführen des Gespräches geschaffen.

Für einen gelungenen Small Talk ist es wichtig, dass Sie nicht auf Konfrontationskurs gehen. Formulieren Sie Ihre Meinung persönlich und knapp und verzichten Sie auf polarisierende Ausführungen.

TIPP

Themen, die unseren Körper betreffen, sind für einen Small Talk nicht geeignet. Das sind Gespräche über Krankheiten, Behinderungen, Sex, Sterben und Tod. Wenn Ihr noch fremder Gesprächspartner das Gespräch auf seine Darmspiegelung bringt und wie furchtbar die Vorbereitungen dazu waren, widerstehen Sie der Versuchung, Ihre Magenspiegelung anschaulich zu schildern, sondern gehen Sie nur mit einem kurzen teilnahmsvollen Satz darauf ein und wechseln Sie das Thema. Bei einem Geschäftsessen verzichten Sie darauf, Ihrem Tischnachbarn, der keinen Alkohol trinkt, Geschichten über Ihren alkoholkranken Onkel zu erzählen.

Zum Tabuthema Sex zählen anzügliche Witze, aber auch Ihre Meinung über gleichgeschlechtliche Partnerschaften. Themen rund ums Geld sollten Sie ebenfalls meiden, daher versteht es sich von selbst, dass Sie Ihren Gesprächspartner nicht über sein Einkommen befragen.

4.3 Sind Sie ein angenehmer Gesprächspartner?

Nicht nur das Thema ist wichtig, sondern vor allem, dass Sie zuhören, auf das Gesagte eingehen und auch die anderen reden lassen. Deshalb lohnt es sich, darüber nachzudenken, was einen angenehmen Gesprächspartner ausmacht.

Gute Umgangsformen erschöpfen sich heute für viele Menschen in dem korrekten Gebrauch von Messer, Gabel und Trinkgefäß und in der richtigen Reihenfolge des gegenseitigen Vorstellens. Dabei wird übersehen, dass das Wort Konversation bedeutet, ein Gespräch nach den Regeln der aktuellen Etikette zu führen, bei dem natürlich ebenfalls Umgangsformen zu beachten sind.

Hier ist das gefragt, was wir heute unter dem Begriff EQ – Emotionale Intelligenz – verstehen, die Fähigkeit, sich in den anderen hineinzuversetzen und seine Gefühle und Bedürfnisse im Blick zu behalten und so dem Gesprächspartner Achtsamkeit und Wertschätzung entgegen zu bringen.

Was nervt Sie ganz besonders im Gespräch mit anderen Personen? Können Sie die Aussagen bestätigen?

Mich nervt:
- Wenn ich auf einen Selbstdarsteller treffe, der nur von sich erzählt;
- Wenn nur noch Witze erzählt werden und die Chance vertan wird, etwas über die anderen zu erfahren;
- Wenn jemand Monologe hält und nicht merkt, dass keiner mehr zuhören will;
- Wenn jemand in ein interessantes Gruppengespräch hineinplatzt und damit das Gespräch stört oder gar beendet;
- Wenn offensichtlich Vertraute sich in einer Gruppe über interne Dinge unterhalten und die anderen damit ausschließen;
- Wenn ich mitten im Gespräch stehen gelassen werde, weil ein Bekannter auftaucht;
- Wenn ich etwas gefragt werde, der andere meiner Antwort aber keine Beachtung schenkt und seine Augen durch den Raum wandern lässt, während ich rede;
- Wenn mir jemand ständig ins Wort fällt und jedes Wort als Stichwort nutzt, selbst das Wort zu ergreifen und seine Geschichte zu erzählen.

Deshalb ist es sinnvoll, bei nächster Gelegenheit Ihr eigenes Verhalten selbstkritisch zu beobachten:

Interessiert es Sie, was die anderen sagen oder möchten Sie lieber Anekdoten aus Ihrem eigenen Leben zum Besten geben? Was haben Sie davon? Die Geschichten kennen Sie doch schon und erzählen Sie nicht zum ersten Mal. Oder hören Sie sie immer wieder gern?

Lassen Sie andere ausreden oder unterbrechen Sie Ihre Gesprächspartner? Sie empfinden es auch als störend, wenn Sie bereits nach dem ersten Stichwort eines Satzes unterbrochen werden.

Schauen Sie die Menschen an, wenn Sie mit ihnen sprechen? Das ist sinnvoll, denn dann merken Sie an deren Körpersprache, ob man Ihnen noch zuhört oder ob Sie thematisch bereits auf ein Nebengleis geraten sind, auf dem nur noch Sie selbst Spaß an Ihrem Vortrag haben.

Achten Sie in einer Gruppe immer darauf, ob alle Anwesenden sich am Gespräch beteiligen können und wollen oder sprechen Sie gern über Ihre Lieblingsthemen und einige müssen dann einfach mal zuhören?

Oder gehören Sie auch zu den Witzeerzählern? Das kann für eine kurze Zeit tatsächlich lustig sein. Häufig animiert es aber wenige andere der Runde, ebenfalls nur noch Witze zu erzählen und sich dabei gegenseitig zu übertreffen. Von sechs Personen einer Gesprächsrunde gibt es bestimmt zwei, die sich nach kurzer Zeit liebend gern über andere Themen unterhalten und die Gelegenheit des Zusammentreffens für den Austausch von Informationen nutzen würden.

Erscheinen Sie bei Veranstaltungen zu zweit oder in Gruppen? Bleiben Sie während einer Pause zusammen? Trennen Sie sich nach ihrer Ankunft am Veranstaltungsort von Partnern, Freunden und Kollegen und gehen Sie mutig allein los! Sie wirken nicht kontaktbereit, wenn Sie gemeinsam auftreten. Verabreden Sie das vorher mit ihrer Begleitung. Wenn Sie es für sinnvoll halten, können Sie Ihrer neuen Bekanntschaft Ihre Begleitung vorstellen. Falls das nicht erforderlich ist, ist es spannend, wenn Sie sich hinterher erzählen können, wen Sie getroffen und kennengelernt haben.

Sprechen Sie über Alltägliches, in einer positiven Art und Weise. Vermeiden Sie Diskussionen, Statements über Politik, Religion, Einkommen. Sprechen Sie nicht abwertend über Abwesende und unterlassen Sie zweideutige sexuelle Anspielungen. Zeigen Sie Fingerspitzengefühl bei der Auswahl der Themen und versuchen Sie ein angenehmer Gesprächspartner zu sein, der zuhören kann und auch mal andere reden lässt.

KOMPAKT

Das kleine Gespräch

»Der erste Schritt auf dem Weg zu einer menschlichen Begegnung ist das Aufeinander-Zugehen.«

Ernst Ferstl (*1955), österreichischer Lehrer, Dichter und Aphoristiker

5.1 Die unterste Ebene des Small Talks

Die unterste Ebene bezeichnen wir als ›Das kleine Gespräch‹. Es tritt zumeist bei einem zufälligen, unerwarteten Zusammentreffen auf, ist von kurzer Dauer und endet automatisch. Der Zweck des kleinen Gespräches ist es, eine kurze Zeitspanne mit ein paar Sätzen zu überbrücken und/oder einen ersten Kontakt zu einer Person zu knüpfen.

DAS KLEINE GESPRÄCH

- zufälliges, spontanes Gespräch
- kurze Dauer
- endet automatisch

Kontakte
knüpfen

Zeit überbrücken

Abbildung 2: Die unterste Ebene: Das kleine Gespräch

Bestimmt sind Ihnen Situationen vertraut, in denen Sie sich nicht wohl fühlen, weil Sie ein peinliches Schweigen vermeiden wollen und Ihnen nicht einfällt, was Sie sagen könnten. Dieses unangenehme Gefühl ist möglicherweise stärker, je höher die berufliche Stellung der Person ist, auf die Sie treffen.

Bevor Sie weiterlesen, notieren Sie einige Beispiele für Situationen, die diese Charakteristiken ganz oder teilweise aufweisen:

_____

_____

_____

_____

_____

_____

Vermutlich haben Sie Beispiele wie diese notiert:

- Sie sind auf dem Weg zum Parkplatz und gehen zufällig gemeinsam mit einem Vorgesetzten oder Mitarbeiter;
- Sie stehen bei einer Veranstaltung am Buffet in der Schlange;
- Sie holen in Ihrem Unternehmen einen Kunden am Empfang ab und führen ihn zum Termin mit Ihrem Chef;
- Sie fahren mit einem Kollegen oder Vorgesetzten gemeinsam im Aufzug;
- Sie teilen die Wartezeit auf den Bus/die U-Bahn mit einem Kunden oder Mitarbeiter.

Wir empfehlen, bei dem kleinen Gespräch nach folgender Formel oder Technik vorzugehen:

Begrüßung (B): Begrüßen Sie Ihr Gegenüber. Beim kleinen Gespräch kann die Begrüßung auch ein Kopfnicken und Lächeln oder kurzes ›Hallo‹ sein.

Einstiegsbemerkung (E): Nutzen Sie als Aufhänger etwas Augenscheinliches, Offenkundiges und versuchen Sie, diesen Einstieg persönlich und positiv zu formulieren. Diese Bemerkung kann direkt an den Gesprächspartner gerichtet sein oder beiläufig erscheinen, indem Sie sie einfach vor sich hin sprechen. Damit können Sie die Gesprächsbereitschaft Ihres Gegenübers eruieren. Idealerweise ist die Einstiegsbemerkung keine Frage, damit sich Ihr Gegenüber nicht ausgefragt fühlt.

Name (N): Nennen Sie Ihren Namen, wenn Sie die Person nicht oder nur flüchtig kennen. Nutzen Sie das kleine Gespräch, um sich mit Namen oder auch Funktion vorzustellen. Selbstverständlich ist das situationsabhängig und bedeutet nicht, dass Sie ab sofort jedes Mal, wenn Sie den Aufzug betreten, alle Anwesenden laut begrüßen und sich namentlich vorstellen.

Diese Formel ist nicht als ein starres, unflexibles Gebilde zu verstehen. Das N für Name fällt weg, wenn Sie Ihren Gesprächspartner bereits kennen. In manchen Situationen kann auch E vor B kommen. Die Formel BEN soll vielmehr als Gedächtnisstütze dienen, sich an die Bedeutung der einzelnen Elemente zu erinnern und zu versuchen, wenn sinnvoll, alle drei Elemente in einem Gespräch unterzubringen.

5.2 BEN auf dem Weg zum Parkplatz

Was wir unter E als Einstiegsbemerkung verstehen, zeigen wir mit diesem Beispiel. Sie machen einen unhöflichen, verklemmten Eindruck, wenn Sie auf dem Weg zum Parkplatz Ihre Vorgesetzte treffen und nicht in der Lage sind, einige Sätze zu wechseln. Stattdessen verlangsamen

Sie Ihren Schritt, um nicht direkt neben ihr gehen zu müssen oder wühlen unentwegt in Ihrer Handtasche nach dem Autoschlüssel, um nicht in die Verlegenheit zu kommen, etwas zu sagen.

Nutzen Sie vielmehr Ihr Wühlen in der Tasche als Aufhänger, um herauszufinden, ob Ihre Vorgesetzte gerne ein paar Worte mit Ihnen wechseln will oder ob sie gedanklich schon bei ihrem nächsten Termin ist und nicht bemerkt, dass Sie versuchen, ein Gespräch zu beginnen:

»Ich liebe diese Tasche, aber sie ist einfach zu groß, ich finde darin nichts wieder.«

Sprechen Sie diese Bemerkung laut vor sich hin (**E**instiegsbemerkung). Sie erfahren so, ob Ihre Chefin bereit ist für eine kleine Plauderei und lassen ihr damit den Weg offen, zu antworten wie *»Das Problem kenne ich, eine solche Tasche habe ich auch – schön, aber total unpraktisch«* oder einfach nur kurz zu nicken und weiter zu gehen. Diese Art des Einstieges hält nicht nur Ihrer Vorgesetzten, sondern auch Ihnen beide Wege offen. Reagiert Ihre Chefin mit einer Bemerkung, können Sie die Plauderei weiterspinnen. Reagiert sie wortlos, ist diese Gesprächsabsage für Sie nicht peinlich, denn Sie haben ja mehr oder weniger nur vor sich hin gesprochen.

Wählen Sie jedoch für einen Einstieg eine Frage, wie *»Haben Sie jetzt auch Feierabend oder müssen sie noch zu einem Außentermin?«* wirken Sie neugierig und drängen Ihre Gesprächspartnerin zu einem Gespräch. Ist sie dazu nicht bereit und reagiert mit einem kurzen *»Ich habe noch Termine«* haben Sie den Zweck eines Small Talks, nämlich locker und freundlich die Zeit zu überbrücken, nicht erreicht und fühlen sich vielleicht auch nicht wohl, weil Ihre Initiative, das Gespräch zu eröffnen, auf Ablehnung gestoßen ist.

Fragen sind ein Mittel, ein Gespräch in Gang zu halten. Vorteilhaft formuliert, können sie in bestimmten Situationen auch als Einstieg genutzt werden (mehr dazu erfahren Sie in den Kapiteln 7 und 8).

Die Elemente B und N entfallen, wenn Sie Ihre Chefin im Laufe des Tages bereits gesehen haben und sie Sie kennt.

Betrachten Sie die Situation von der anderen Seite. Sie sind die Chefin. Auf dem Weg zum Parkplatz bemerken Sie, dass Ihre Mitarbeiterin ein, zwei Schritte hinter Ihnen geht und in der Tasche nach dem Schlüssel sucht. Sie wissen, dass man von Ihnen als kommunikationsstarke Führungspersönlichkeit und gutes Vorbild erwartet, dass Sie jetzt ein Gespräch initiieren sollten. Sie wollen aber auch nicht in ein Fachgespräch verwickelt werden, in dem Ihre Mitarbeiterin nachfragt, ob Sie, wie angekündigt, bereits mit dem Kunden XY gesprochen haben (Kapitel 2). Das können Sie verhindern, wenn Sie das Gespräch eröffnen, weil Sie dann auch das Thema, Small Talk oder Fachthema, vorgeben.

Für Ihre Gesprächseröffnung können Sie den gleichen Kommentar als Einstiegsbemerkung (E) nutzen: *»So eine große Tasche, in der ich nichts wiederfinde, habe ich auch – schön, aber total unpraktisch.«*

Wieder bleiben Ihrer Gesprächspartnerin mit dieser Einstiegsbemerkung die Möglichkeiten offen – mit einem Gespräch zu reagieren oder als Gesprächsabsage nur zu nicken. Die Wahrscheinlichkeit, dass Ihre Mitarbeiterin nur nickt, ist gering, denn sie wird sich ihrer Vorgesetzten gegenüber nicht unhöflich verhalten. Sie sind als Chefin in der komfortableren Situation, denn eine Gesprächsabsage wird Ihnen eher selten passieren. Daher sollten Sie als Führungspersönlichkeit einen Small Talk eröffnen. Schließlich waren Sie irgendwann auch mal ›nur‹ Mitarbeiterin und wissen, dass es nicht immer einfach ist, von unten nach oben zu kommunizieren.

TIPP **Stellen Sie fest, ob Ihr Gesprächspartner bereit ist für einen Small Talk, indem Sie für Ihre Gesprächseröffnung eine Bemerkung laut vor sich hin sprechen. Eine Frage als Einstieg ist nicht immer sinnvoll.**

5.3 BEN am Buffet

In einigen der oben genannten Beispiele (im Aufzug oder in der Schlange am Buffet) wirken Sie nicht unhöflich, wenn Sie kein Gespräch beginnen, eine kurze Begrüßung oder ein Kopfnicken können reichen. Besser ist es, die Zeit für eine lockere Plauderei nutzen.

Bernd Nelke ist selbstständiger Unternehmer in der Werbebranche. Er besucht häufig Veranstaltungen, wie den regionalen Unternehmerstammtisch, um sich mit anderen Selbstständigen auszutauschen und neue Geschäftspartner zu finden. Bei diesen Veranstaltungen wird zunächst ein Imbiss gereicht, an den sich jeweils ein kurzer Vortrag eines externen Referenten zu einem aktuellen Thema anschließt. Bernd Nelke kennt inzwischen den einen oder anderen, aber es sind immer wieder neue Leute da. Für ihn ist es schon zur Routine geworden, Kontakt mit unbekannten Personen aufzunehmen.

So plaudert er auch am Buffet mit seinem Nachbarn, mit dem er beim Hinüberreichen eines Tellers Blickkontakt hat und dem er zur Begrüßung kurz zunickt (B).

Nelke: »*Ich finde, das sieht heute Abend wieder sehr lecker aus.*« (E)

Als Einstieg greift er auf das Offensichtliche, nämlich das Buffet zurück und formuliert die Bemerkung auch persönlich.

Nachbar: »*Ja, da kann man sich gar nicht recht entscheiden, was man nehmen soll.*«
Nelke: »*Das ist wahr. Ich denke, ich greife mal zu einem warmen Süppchen. Ich habe heute den ganzen Tag noch nichts Warmes gegessen.*«
Nachbar: »*Das geht mir ähnlich, aber ich glaube mir reicht ein Salat und vielleicht noch eine süße Nachspeise.*«
Nelke: »*Die sind hier auch immer gut.*«
Nachbar: »*Dann sind Sie ja nicht zum ersten Mal hier. Ich wünsche Ihnen Guten Appetit, wir sehen uns ja noch.*«

Beide haben ein kurzweiliges Gespräch geführt, die Zeit überbrückt und damit die Möglichkeit für einen weiteren Kontakt im Laufe des Abends geschaffen. Dennoch wäre es sicherlich möglich gewesen, die Begegnung am Buffet informativer zu gestalten, indem Herr Nelke sich daran erinnert, die komplette Formel BEN anzuwenden. Dazu müsste er nur einen kleinen Zusatz an seine letzte Bemerkung anhängen:

Nelke: »*Die sind hier immer gut. Übrigens, ich heiße Bernd Nelke.*« (N)
Nachbar: »*Horst Peters, freut mich.*«

Nelke: »*Ach, dann sind Sie der Referent des heutigen Abends. Nett, Sie kennen zu lernen, das wird bestimmt ein interessanter Vortrag. Vielleicht haben wir danach noch ein wenig Zeit, zu reden. Jetzt wünsche ich Ihnen erst mal Guten Appetit.*«

Nachbar: »*Danke, ich wünsche Ihnen auch Guten Appetit, wir sehen uns noch.*«

Wenn Sie sich mit Namen vorstellen, wird auch Ihr Gesprächspartner seinen Namen nennen. Sie haben somit nicht nur die Zeit überbrückt oder einen ersten Kontakt hergestellt, Sie erhalten mehr Informationen und öffnen die Tür für ein späteres Gespräch ein Stück weiter (siehe auch Kapitel 6 und Kapitel 11).

KOMPAKT **Stellen Sie sich namentlich vor, wenn es die Situation erlaubt. Dadurch erreichen Sie, dass ein Small Talk verbindlicher und persönlicher wird und die Tür für ein tiefer gehendes Gespräch, dem Big Talk, ein Stück weiter geöffnet wird.**

5.4 Der grässliche Teppichboden

Kommen wir nun zu einem weiteren Beispiel aus der am Kapitelanfang genannten Auflistung: Sie holen einen Kunden am Empfang ab, und führen ihn zum Termin mit Ihrem Chef. Diese Begegnung tritt zwar nicht spontan und zufällig auf, ist aber zeitlich begrenzt und endet automatisch. Das Gesprächsziel ist wieder, die Zeit zu überbrücken, bis Sie mit Ihrem Gesprächspartner bei Ihrem Chef angekommen sind. Auch hier benutzen Sie die Formel BEN, jedoch kann das sich daraus ergebende Gespräch einige Minuten dauern, sodass Sie gefordert sind, das eine oder andere Thema anzusprechen. Die Einstiegsbemerkung (E) ist hier nicht beiläufig, sondern direkt an Ihr Gegenüber gerichtet.

Folgenden kurzen Dialog schilderte eine Teilnehmerin in unserem Seminar: Nicole Berger ist im Außendienst tätig und besucht in einem größeren Unternehmen ihren Kunden Gernot Schulz. Sie meldet sich am Empfang und ihr wird mitgeteilt, dass sie gleich abgeholt wird. Wenige Minuten später erscheint Marie Maier, die Assistentin von Gernot Schulz:

Maier: *»Guten Tag, Frau Berger. Ich bin Marie Maier.«* (B, N)
Berger: *»Guten Tag, Frau Maier, wir haben ja auch schon wegen der Terminabsprache miteinander telefoniert.«*

Beide gehen die Treppe hinauf.

Maier: *»Tut mir leid, dass Sie etwas warten mussten, Herr Schulz war noch in einem Gespräch und daher hat es etwas länger gedauert.«* (E)
Berger: *»Das ist kein Problem, ich habe genug Zeit eingeplant.«*
Maier: *»Wir müssen hier hoch in den ersten Stock. Waren Sie schon mal bei uns im Haus?«*

Marie Maier greift thematisch richtig auf etwas Naheliegendes zurück. Als Frage formuliert, ist das mitten im Gespräch unproblematisch.

Berger: *»Nein, das ist das erste Mal.«*
Maier: *»Ach, dann kennen Sie ja auch noch gar nicht unseren grässlichen Teppichboden.«*

Frau Maier öffnet dabei die Tür zur ersten Etage, die mit einem wild gemusterten Teppichboden ausgelegt ist.

Berger: »Naja ...«
Maier: »Den hat sich einer vom Vorstand ausgesucht.«
Berger: »Ach ...«
Maier: »Jetzt sind wir angekommen, das hier ist das Zimmer von Herrn Schulz.«

Nicole Berger war durch die Anmerkung über den grässlichen Teppichboden verunsichert und wusste nicht, wie sie reagieren sollte. Frau Maier hat sie in eine schwierige Situation gebracht, denn als Gast wollte sie den Vorstand des Unternehmens nicht kritisieren, indem sie zustimmt, dass der Teppich grässlich ist. Wie sich später herausstellte, war der Teppich in der Firma der running gag, alle, auch der Vorstand, machten sich bei jeder Gelegenheit darüber lustig. Das konnte Frau Berger als Gast nicht wissen.

Achten Sie auch in kurzen Gesprächen wie dem kleinen Gespräch darauf, Themen zu wählen, die positiv besetzt sind und bei denen keine bestimmte Vorkenntnis vorausgesetzt wird. Eine kurze Nachfrage über die Anfahrt, den Verkehr auf den Straßen oder ähnliches, wäre passender gewesen.

KOMPAKT **Wählen Sie beim kleinen Gespräch allgemeine, verbindende Themen, zu denen jeder etwas sagen kann. Themen, die ein bestimmtes Insiderwissen voraussetzen, grenzen Ihren Gesprächspartner aus. Bringen Sie Ihren Gesprächspartner nicht in die Situation, sich negativ über andere zu äußern oder einer Kritik zuzustimmen.**

5.5 Praktikant und Personalchefin im Aufzug

Eine Begegnung im Aufzug ist das klassische Beispiel für das kleine Gespräch, weil sie alle Kriterien erfüllt: Sie ist spontan und unvorbereitet, von kurzer Dauer und sie endet automatisch, wenn man in der gewünschten Etage angekommen ist.

Generell sind Aufzugsituationen etwas Besonderes, weil die räumliche Distanz zwischen den Gesprächspartnern sehr gering ist. Die Wohlfühldistanz zwischen Personen, die sich nicht vertraut sind, sollte mindestens ein, zwei Meter betragen. In einem kleinen Aufzug dringt man zwangsläufig in die persönliche Distanzzone des Gegenübers ein und manch einer fühlt sich bedrängt, wenn er dann auch noch angesprochen wird. Wägen Sie darum ab, ob Sie ein Gespräch eröffnen oder nur mit einem kurzen ›Guten Tag‹, Kopfnicken oder Lächeln grüßen.

Dennoch kann es sich anbieten, die Gelegenheit zu nutzen, sich ins rechte Licht zu rücken. Das wollte auch Peter Weber, Praktikant in der Marketingabteilung eines größeren Unternehmens. Herr Weber fühlte sich sehr wohl in dem Unternehmen, seine Stelle war jedoch auf neun Monate befristet. Da fiel ihm am Schwarzen Brett eine Stellenausschreibung der Vertriebsabteilung auf. Mit seinem Marketinghintergrund wäre es keine schlechte Idee, sich in Richtung Vertrieb zu orientieren. Er überlegte, sich auf diese Stelle zu bewerben.

Als er eines Morgens vor dem Aufzug wartete, traf er die Personalchefin Ina Stellemann, mit der er vor einem halben Jahr das Einstellungsgespräch für die Praktikantenstelle geführt hatte. Peter Weber entschied sich, die Personalchefin anzusprechen:

Weber: »*Guten Morgen, Frau Stellemann.*«

Aufzugtür öffnet sich, beide steigen ein.

Stellemann: »*Guten Morgen.*«

Weber: »*Das ist schön, dass ich Sie treffe. Ich habe am Schwarzen Brett gesehen, dass eine Stelle in der Vertriebsabteilung ausgeschrieben ist. Ich habe einen IHK Abschluss als Kaufmann für Marketingkommunikation und arbeite zurzeit als Praktikant in der Marketingabteilung, wo wir ja eng mit dem Vertrieb zusammen arbeiten. Ich denke, dass meine bisherigen Erfahrungen eine gute Voraussetzung für diese Stelle wären. Außerdem fände ich den direkten Kontakt zu Kunden sehr interessant. Ich möchte mich also gerne auf diese Stelle bewerben. Kann ich Ihnen meine kompletten Unterlagen reinreichen?*«

Stellemann: »*Ja, gerne, Herr …?*«

Weber: »*Oh, Entschuldigung, Peter Weber ist mein Name.*«

Stellemann: »*Sprechen Sie am besten direkt meine Assistentin, Frau Müller, an, die gibt Ihnen gerne weitere Informationen.*«

Weber: »*Vielen Dank.*«

Aufzug hält an und die Personalchefin steigt aus

Weber: »*… und auf Wiedersehen.*«

Stellemann: »*Auf Wiedersehen.*«

Peter Weber war zufrieden. Er hatte sich ins Gespräch gebracht, konnte seine Qualifikationen ansprechen und wusste nun, an wen er sich wenden musste. Er ärgerte sich nur, dass er seinen Namen nicht genannt hatte. Aber das konnte er ja noch geradebiegen. Eigentlich hatte er gedacht, dass Frau Stellemann sich noch an ihn erinnern konnte. Aber nun gut ...

Vielleicht denken Sie, dass die Kurzvorstellung gut gelungen ist? Wahrscheinlich ist Ihnen der Begriff »Elevator Pitch« dabei eingefallen. Beim Elevator Pitch bringt man sich selbst oder sein Anliegen in kürzester Zeit auf den Punkt. Das muss nicht im Aufzug sein, gemeint ist die Zeitspanne einer Aufzugsfahrt.

Versetzen Sie sich nun in die Lage der Personalchefin: Fand sie es gut, im Aufzug mit einem Vorstellungsgespräch überfallen zu werden? Konnte sie sich viel von der Vorstellung des Herrn Weber merken? Stellen Sie sich vor, der Aufzug hätte zwischenzeitlich angehalten und Kollegen von Herrn Weber wären eingestiegen, während er seinen Lebenslauf vor der Personalchefin herunter betete.

Wir raten Ihnen daher, beim kleinen Gespräch das Sachthema nur anzudeuten. Es ist nicht der richtige Rahmen, um sich fachlich zu unterhalten – schon gar nicht, wenn Sie sich wie Peter Weber um eine Stelle bewerben wollen. Würden Sie nicht zustimmen, wenn wir sagen, dass Sie oder Ihr Thema zu wichtig sind, als dass es zwischen Tür und Angel besprochen werden sollte? Vertagen Sie das Fachthema zu einem verabredeten Termin. Das bedeutet nicht, dass Herr Weber die Stellenausschreibung gar nicht hätte erwähnen sollen. Das Ganze noch einmal, diesmal vorteilhafter für Peter Weber:

Weber: »*Guten Morgen, Frau Stellemann. Es ist ja heute früh schon richtig warm, es scheint wieder ein toller Tag zu werden.*« (B + E)

Aufzugtür öffnet sich, beide steigen ein.

Stellemann: »*Guten Morgen, ja sieht so aus. Aber viel Zeit das schöne Wetter zu genießen, werde ich heute wohl nicht haben.*«

Weber: »*Ja, das kann ich mir denken. Bei uns ist momentan auch viel zu tun. Ich arbeite in der Marketingabteilung im 4. Stock, übrigens mein Name ist Peter Weber.*« (N)

Stellemann: »*Ach ja, Ihr Name ist mir bekannt. Wir haben uns bei Ihrer Einstellung kurz kennengelernt.*«

Weber: »*Ja, genau. Es ist schön, dass ich Sie heute treffe. Ich interessiere mich für die ausgeschriebene Stelle in der Vertriebsabteilung und würde noch gerne mehr darüber erfahren. Kann ich da einfach mal Ihre Assistentin Frau Müller wegen eines Termins anrufen?*«

Stellemann: »*Ja gern, Frau Müller macht Ihnen einen Termin.*«

Weber: »*Danke. Na, vielleicht hält sich das Wetter ja bis zum Wochenende, dann haben wir auch noch was davon.*«

Aufzug hält an und die Personalchefin steigt aus.

Weber: »*Auf Wiedersehen*«

Stellemann: »*Auf Wiedersehen, Ihnen auch einen schönen Tag.*«

Bei dieser Variante waren beide am Gespräch beteiligt. Peter Weber hat sein Interesse an der Stellenausschreibung bekundet, ist dabei aber nicht zu ausführlich geworden. Die BEN-Formel ist auch hier wieder hilfreich. Dazu noch folgende Anmerkungen:

Zur Begrüßung (B): Wenn Sie den Namen Ihres Gesprächspartners kennen, sollten Sie ihn bei der Begrüßung nennen. Das erhöht die Aufmerksamkeit des Angesprochenen (siehe auch Kapitel 6).

Zum Einstieg (E): Als Einstieg hat Weber auf den beliebten Klassiker Wetter zurückgegriffen und die Bemerkung so formuliert, dass die Personalchefin auch nur mit einem kurzen ›Ja‹ hätte antworten können. In dem Fall hätte sie keine Gesprächsbereitschaft signalisiert, ein weiterer Versuch wäre nicht sinnvoll gewesen.

Zur Namensnennung (N): Weber hat nicht versäumt, seinen Namen zu nennen. Wenn die Personalchefin nun ins Büro kommt, kann sie Ihrer Assistentin mitteilen, dass sich ein Herr Weber wegen der Stellenausschreibung im Vertrieb für weitere Informationen und einen Termin melden wird. Somit hat er eine gute Grundlage geschaffen für einen ausführlichen Vorstellungstermin.

In der idealen Variante dieses Dialoges beginnt die Personalchefin das Gespräch und entspannt damit das Zusammentreffen im Aufzug. Sie macht eine Bemerkung über das Wetter oder fragt, in welche Etage Herr Weber möchte. Das hätte es ihm leichter gemacht, sein Anliegen kurz anzubringen.

Das kleine Gespräch ist nicht der geeignete Rahmen, ein fachliches Thema ausführlich zu besprechen. Beschränken Sie sich auf ein Gespräch auf der Beziehungsebene, erwähnen Sie kurz Ihr Anliegen und vertagen Sie die ausführliche Besprechung des Sachthemas.

KOMPAKT

5.6 Was bringt Ihnen das kleine Gespräch

Die wichtigsten Punkte zur untersten Ebene, dem kleinen Gespräch, sind hier noch mal zusammengefasst:

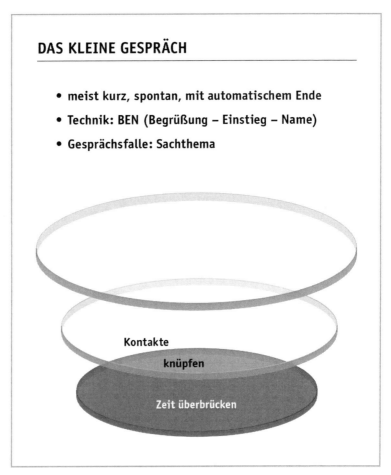

Abbildung 3: Das kleine Gespräch – Technik und Ziele

Es lohnt sich, zu überlegen, welche Situationen in Ihrem Berufsalltag auftreten und wie Sie die Gespräche in Zukunft führen möchten. Das kleine Gespräch eröffnet Ihnen Möglichkeiten, sich namentlich bekannt zu machen und den Namen von Menschen zu erfahren, die Ihnen oft begegnen (siehe auch Kapitel 6). Manchmal erfahren Sie in einem kurzen Kontakt Dinge, die für Sie wichtig sein können oder Sie haben die Gelegenheit, Ihr Interesse an einem tiefer greifenden Gespräch oder Kontakt zu signalisieren.

Warum der Name wichtig ist

»Alles was existiert, muss einen Namen tragen. Was nicht benannt ist, existiert nicht für den Menschen.«

Oswald Spengler (1880–1936), Geschichtsphilosoph, Kulturhistoriker und Schriftsteller

6.1 Wer ist das eigentlich?

Mitarbeitern größerer Unternehmen ist die Situation vertraut: Man kennt sich vom Sehen, man begegnet sich in der Kantine, im Aufzug, auf dem Weg zum Parkhaus oder zur Bahn/Bushaltestelle, aber man weiß nicht, wie diese Personen heißen und welche Funktion sie haben. Und dann erzählt jemand etwas von einer Kollegin:

»Das ist die, die immer dunkelgraue Hosenanzüge trägt, so eine mittleren Alters, mit blonden Locken, ach ne, letztens hatte sie, glaube ich, dunkle Haare. Die steigt immer in der dritten Etage aus.«

Wäre es nicht vorteilhaft, wenn Sie sagen könnten:
»Sie meinen sicher Frau Grunert, das ist die Sekretärin von Dr. Klatt, dem Leiter des Einkaufs. Ich hatte kürzlich mit ihr einen kurzen Small Talk, was ist denn mit ihr?«

Oft begegnen uns immer wieder Menschen, die uns vom Sehen vertraut sind, im eigenen Unternehmen, auf berufsbezogenen Veranstaltungen, im privaten Umfeld, beim Spaziergang mit dem Hund.

Dass es einen Nutzen hat, möglichst viele Menschen namentlich zu kennen, wird ausführlich in den Kapiteln 10 und 11 bewiesen. Was können Sie tun, um mit vielen Menschen Ihres Umfeldes bekannt zu werden, ihren Namen zu kennen und zu wissen, wo Sie sie hinstecken sollen?

Machen Sie sich bekannt

Wie können Sie Ihre Bekanntheit steigern, wenn keiner weiß, wer Sie sind? Wenn Sie sich persönlich mit Ihrem Namen vorstellen, so wie wir es in unserer Formel BEN im Kapitel Fünf vorschlagen, wird Ihr Gesprächspartner auch seinen Namen nennen. Üben Sie im Alltag Small Talk mit Personen, die Ihnen immer wieder über den Weg laufen. Sie können zum Beispiel sagen: *»Wir sehen uns ja öfter an dieser Bushaltestelle. Übrigens mein Name ist ...«*

TIPP

Machen Sie es Ihrem Gesprächspartner einfach: Geben Sie ihm eine Hilfestellung, wie er sich Ihren Namen besser merken kann. Beim nächsten Treffen ist es durchaus möglich, dass er nicht mehr weiß, wo er Sie hinstecken soll. Geben Sie ihm ein Erinnerungshilfe: »Wir haben uns beim Empfang des Hausbesitzer-Verbandes kennengelernt. Ich bin Herr Neumann.«

Nichts hören oder lesen Menschen so gern wie ihren eigenen Namen

Das machen sich Werbe- und Vertriebsspezialisten zunutze, indem Sie in Vertriebsprospekten und Katalogen die Empfänger in fetten Buchstaben auffällig mit ihrem Namen ansprechen oder dem Werbematerial kleine Geschenke beilegen, die den Namen des Empfängers tragen. Die so Angeschriebenen sind eher bereit, sich dem Material wohlwollend mit Aufmerksamkeit zu widmen.

Auch Sie können von dieser Erkenntnis profitieren. Sie gewinnen Pluspunkte, wenn Sie sich Namen merken und Ihre Gesprächspartner beim nächsten Zusammentreffen mit ihren Namen anreden.

Schenken Sie dem Namen Ihres Gesprächspartners Ihre volle Aufmerksamkeit. Vielen Menschen fällt es schwer, sich Namen zu merken. Nehmen Sie sich ein Beispiel an den Japanern, die eine Visitenkarte nicht einfach entgegennehmen und in die Tasche stecken, wie es hierzulande oft üblich ist, sondern der Visitenkarte einen Augenblick Aufmerksamkeit schenken, sie sich einprägen und die Karte, falls es sich ergibt, während der Dauer des Gespräches vor sich auf den Tisch legen.

Wenn Sie keine Visitenkarte erhalten – das ist bei einem Small Talk eher üblich – merken Sie sich den Namen und versuchen Sie, den Namen im Laufe des Gespräches anzubringen.

Aber übertreiben Sie es nicht! Es wirkt albern und aufgesetzt, wenn Sie den Namen zu oft oder sogar nach jedem Satz nennen. Die Vermutung, dass Sie für Verkaufsgespräche geschult wurden und nun einen vorformulierten Gesprächsfaden Punkt für Punkt abarbeiten, liegt dann nahe. Damit erreichen Sie das Gegenteil Ihrer Absicht, wirken künstlich, unpersönlich und nerven bis verärgern. Wenn Sie den Namen bei der Begrüßung, in einem längeren Gespräch einmal zwischendurch und bei der Verabschiedung nennen, ist das die richtige Dosierung.

6.2 Diese Tipps helfen Ihnen, sich Namen besser zu merken

Wenn Sie ein Augenmensch sind, der sich Gesehenes besser merken kann als Gehörtes, stellen Sie sich einen Moment lang den Namen in geschriebener Form vor.

Die Methoden des Gedächtnistrainings verwenden eine weitere sehr effektive Technik, sich Namen zu merken. Dabei wird dem Namen ein einprägsames Bild zugeordnet.

Es gibt zwei Arten von Namen: Solche, die eine Bedeutung haben und Namen, bei denen man keine Bedeutung erkennen kann. Glücklicherweise haben die häufigsten deutschen Nachnamen eine erkennbare Bedeutung. Der größte Teil deutscher Nachnamen ist von Berufen abgeleitet: Müller, Bauer, Weber, Richter, Schneider ...

Darunter befinden sich auch Namen mit altertümlichen Berufsbezeichnungen, deren Sinn heute nicht mehr jeder versteht wie Hoffmann (früher Hofpächter), Wagner (Wagenmacher). Auch Eigenschaften, Tiernamen, Vornamen, geografische Bezeichnungen oder Gegenstände kommen als Nachnamen häufig vor:

- Klein, Braun, Jung, Kühn, Schick;
- Wolf, Hahn, Hase, Specht, Fuchs;
- Albrecht, Peter, Lorenz, Friedrich, Ludwig;
- Busch, Bach, Kirchheim, Wiese, Hagen;
- Band, Beuge, Horn, Kamm, Kappe.

Lassen Sie Ihrer Fantasie freien Lauf

Sie können sich auch etwas Komisches vorstellen, zum Beispiel, dass Herr Band auf einem Kofferband auf dem Flughafen herumfährt, Frau Braun von Kopf bis Fuß in braune Gewänder gehüllt ist und Herr Beuge bei der Begrüßung eine tiefe Kniebeuge macht.

Aber seien Sie achtsam! Wenn Sie Herrn Specht mit Herrn Sperling anreden, oder Herrn Kreideweiß mit Herrn Käsebleich, kann es peinlich werden, besonders dann, wenn Sie es nicht sofort merken und mehrfach wiederholen.

Bei Namen, die aus zusammengesetzten Wörtern bestehen, ist es einfacher, sich ein Bild einzuprägen.

- Rosenberg
- Windhäuser
- Hirschmann
- Hackenberg
- Winkelmann

Menschen mit zusammengesetzten Namen erleben es häufig, dass ihre Namen fantasievoll variiert werden. Aus Rosenberg wird Rosenburg, Goldmann wird Goldberg, aus Obermüller wird Obermaier.

Namen, deren Bedeutung sich nicht ohne Recherche erschließt, erfordern die meiste Fantasie.

- Leisinger
- Borak
- Dorka
- Grigat
- Knauer

Bei Leisinger kann man sich einen leise Singenden vorstellen, bei Knauer einen Kauer, der ein N kaut. Die Gefahr, bei einer unerwarteten Begegnung Frau Leisesinger anzusprechen und Herrn Kauer ist nicht von der Hand zu weisen.

Oft ist es einfacher, sich einen schwer zu merkenden Namen direkt nach dem Gespräch aufzuschreiben und mehrmals zu lesen. Bei einer unverhofften Begegnung nützt eine im Handy abgespeicherte Namensliste nicht.

In der Not hilft nur noch Ehrlichkeit: »*Es tut mir leid, ich habe Ihren Namen vergessen. Würden Sie ihn mir noch mal sagen?*« Und sich vorzunehmen, das nächste Mal dem Namen mehr Aufmerksamkeit zu schenken.

Versuchen Sie, die Namen von Menschen, die Ihnen immer wieder über den Weg laufen, zu erfahren. Wenn Sie sich selbst vorstellen, wird Ihnen der andere auch seinen Namen nennen. Begrüßen Sie ihn bei der nächsten Begegnung mit seinem Namen. Das vertieft Ihren Kontakt und hilft, in Kontakt zu bleiben.

KOMPAKT

Das Kontaktgespräch

»Es sind die Begegnungen mit Menschen, die das Leben lebenswert machen.«

Guy de Maupassant (1850–1893), französischer Erzähler

7.1 Die mittlere Ebene des Small Talks

Wir kommen nun zur mittleren Small-Talk-Ebene, die wir als Kontaktgespräch bezeichnen.

Typisch für Small Talk der mittleren Ebene sind Seminarpausen, Produktpräsentationen, Firmenevents, kleine Empfänge, zu denen Sie eingeladen sind und alle weiteren Zusammentreffen, die Sie besuchen und bei denen Sie in geselliger Runde Kontakte knüpfen und netzwerken wollen. Im Vergleich zum kleinen Gespräch sind es Begegnungen, die nicht unerwartet auftreten, sondern auf die Sie sich vorbereiten können.

Das Kontaktgespräch ist überwiegend ein längeres Gespräch, bei dem Sie auch verschiedene Themen anschneiden werden. Im Gegensatz zum kleinen Gespräch endet es zumeist nicht automatisch und muss durch einen der Gesprächspartner beendet werden. Das kann je nach Situation nicht immer einfach sein.

Mit dem Kontaktgespräch verfolgen Sie nachstehende Ziele:
- Kontakte knüpfen (das kann auch ein Ziel des kleinen Gespräches sein);
- Übereinstimmungen zwischen Ihnen und Ihrem Gesprächspartner finden;

- Verbundenheit oder ein Zusammengehörigkeitsgefühl zu einer Person bestärken, mit der Sie schon Kontakt hatten;
- Eine harmonische Atmosphäre schaffen für die Überleitung in ein Fachgespräch oder von einem Fachgespräch zurückkommen auf die persönliche Ebene, um sich anschließend zu verabschieden.

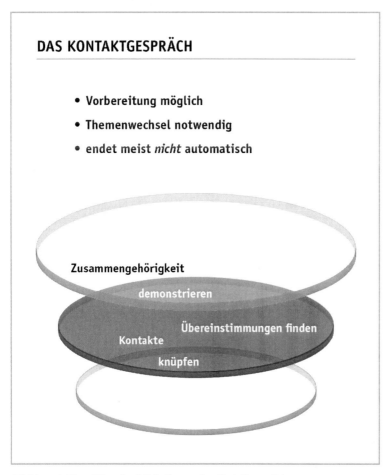

Abbildung 4: Die mittlere Small-Talk-Ebene – Das Kontaktgespräch

7.2 Häppchen am Stehtisch und Sie kennen niemanden?

Vielen Menschen sind Stehtisch-Situationen mit Fremden ein regelrechtes Gräuel. Es fällt ihnen schwer, sich in der Pause bei berufsbezogenen Veranstaltungen bei Häppchen und Kaffee zu anderen an den Tisch zu stellen und einen Small Talk zu beginnen. Hier beschreiben wir eine typische Situation mit verschiedenen Personen während eines Seminars.

Die Protagonisten in unserer Szene sind:

Anna Albers – Angestellte in der Marketingabteilung eines mittelständischen Maschinenbauunternehmens im Hamburger Umland.

Boris Braun – arbeitet in der EDV-Abteilung eines Maschinenbauunternehmens in Hannover und ist mitverantwortlich für den Online-Auftritt seines Unternehmens.

Carl Cramer – EDV-Spezialist in einem kleinen Unternehmen. Er kennt Anna Albers vom Golfspielen.

Doris Drews – Abteilungsleiterin für Onlinewerbung in einer Berliner Werbeagentur.

Alle sind Teilnehmer eines Seminars zum Thema Online-Marketing, das in einem Hotel in Hamburg stattfindet.

7.3 Wie Sie einzelne Personen ansprechen

Anna Albers ist früh angereist und eine der Ersten, die eintrifft. Nachdem sie sich angemeldet hat, holt sie sich einen Kaffee und stellt sich an einen Stehtisch im Vorraum des Seminarraumes. Es sind noch nicht viele Teilnehmer anwesend. Darum muss sie nicht auf andere Teilnehmer zugehen, sondern kann sich an einen freien Tisch stellen.

Sie überlässt lieber den anderen die Initiative, ein Gespräch zu beginnen (siehe Kapitel 3), hofft, dass sie angesprochen wird. Denn sie möchte auch nicht lange allein am Tisch stehen. Sie genießt ihren Kaffee und blättert ein wenig in den Seminarunterlagen.

Boris Braun ist nun ebenfalls angekommen, er holt sich eine Tasse Tee und überlegt, sich zu einer anderen Person an den Tisch zu stellen. Er fühlt sich dabei etwas unsicher, er hat Bedenken, sein Gesprächsversuch könnte auf Ablehnung stoßen. Daher will er zunächst ausloten, bei wem oder bei welcher Gruppe die größten Chancen für ein Gespräch bestehen könnten.

An einem Tisch stehen zwei Personen, die gebannt auf den Bildschirm eines Notebooks schauen und sich angeregt unterhalten. *»Vermutlich«*, denkt Boris Braun, *»kennen sich die beiden Personen und haben etwas Geschäftliches zu besprechen«*. An einem weiteren Tisch steht eine einzelne Person, die auf dem Mobiltelefon Nachrichten schreibt. Die allein stehende junge Dame (Anna Albers) scheint die bessere Wahl zu sein, sie blättert zwar ab und zu in den Unterlagen, macht aber einen aufgeschlossenen Eindruck, denn sie schaut freundlich und interessiert in die Runde.

Versetzen Sie sich in die Situation von Boris Braun: Wie würden Sie ein Gespräch beginnen? Versuchen Sie einen Einstiegssatz zu formulieren:

_____

_____

_____

_____

_____

_____

Vielleicht haben Sie Folgendes notiert:

Braun: *»Guten Tag, darf ich mich zu Ihnen stellen?«* Oder: *»Guten Tag, ist bei Ihnen noch ein Plätzchen frei?«*

Das sind mögliche Einstiegssätze. Sie sind aber nur bedingt geeignet, ein Gespräch zu eröffnen. Denn häufig werden Sie hierauf keine mündliche Reaktion erhalten, sondern nur ein Kopfnicken.

Aus Kapitel 4 wissen Sie, dass Sie auf naheliegende Dinge, auf Themen, die sich aus der jeweiligen Situation ergeben, zurückgreifen können. In diesem Fall sind das beispielsweise das Seminar, die Anreise, der Raum im Hotel, der Kaffee. Außerdem erinnern Sie sich an die Formel des Kleinen Gespräches, die mit BE begann, also B für Begrüßen und E für Einstiegsbemerkung. Wie bereits beschrieben, kann E eine Bemerkung sein, die Sie vor sich hin sprechen, mit der Sie die Gesprächsbereitschaft Ihres Gegenübers ausloten. Das Gespräch sollte nicht unbedingt mit einer Frage beginnen.

Versuchen Sie nun eine Bemerkung, also keine Frage, zu formulieren mit dem Thema ›Getränk‹ oder ›Seminar‹.

Hier ein Vorschlag:

Boris Braun kommt mit seiner Tasse Tee in der Hand an den Stehtisch, stellt die Tasse ab und sagt dabei:

Braun: »*Guten Tag, der Tag beginnt ja heute gut, ich habe hier tatsächlich meinen Lieblingstee bekommen.*« (B + E)

Wie bereits erwähnt, hat Boris Braun Bedenken, dass Anna Albers abweisend reagiert. Was könnte im schlimmsten Fall passieren?

- Anna Albers könnte ihn entgeistert ansehen und nichts sagen.
- Anna Albers könnte sagen: »*Tut mir leid, hier ist leider kein Platz mehr, ich halte den Tisch frei für meine Kollegen.*«

- Anna Albers könnte sagen: *»Entschuldigen Sie, ich gehe schon mal rein, damit ich einen guten Platz erhalte«* und lässt ihn allein zurück.

Theoretisch kann Anna Albers mit solchen oder ähnlichen Bemerkungen antworten. Sind diese Reaktionen wahrscheinlich? Erinnern Sie sich an ähnliche Situationen aus Ihrem beruflichen Umfeld. Haben Sie tatsächlich solche oder ähnliche negative Reaktionen erhalten? Wir behaupten, wenn Sie in vergleichbaren beruflichen Situationen eine allein stehende Person ansprechen, bekommen Sie zu 95 Prozent eine positive Rückmeldung. Aber was ist mit den restlichen 5 Prozent? Wie reagieren Sie bei einer abweisenden Rückmeldung? Was könnten Sie tun?

- Im ersten Fall haben Sie zwei Möglichkeiten: Entweder Sie entschuldigen sich sofort *»Entschuldigung, ich wollte nicht stören«* und begeben sich an einen anderen Tisch. Oder Sie versuchen, das Gespräch mit einer Folgebemerkung in Gang zu bringen, in etwa: *»Ich glaube, dass wird heute ein sehr interessantes Seminar.«* Folgt auch dann keine Reaktion, entschuldigen Sie sich, dann begeben Sie sich an einen anderen Tisch.
- Im zweiten Fall entschuldigen Sie sich und suchen sich einen anderen Tisch.
- Im dritten Fall trinken Sie Ihren Tee und freuen sich, dass Sie den Tisch für sich allein haben oder hoffen, dass sich andere zu Ihnen gesellen.

Wären diese Reaktionen peinlich für Sie? Dazu besteht kein Grund, denn Sie haben nichts falsch gemacht.

Lassen Sie sich Ihre Stimmung nicht durch Gesprächsmuffel verderben, dafür sind Sie nicht verantwortlich. Wenn jemand nicht reden will, können Sie das nicht ändern (siehe auch Kapitel 14).

TIPP

Wir gehen nun von dem wahrscheinlichsten Fall aus, Anna Albers reagiert freundlich interessiert. Denn es wäre unhöflich von ihr, ein Gesprächsangebot grundlos abzulehnen. Die meisten Menschen sind froh, wenn sie angesprochen werden und nicht weiterhin allein am Tisch stehen. Vermutlich erhält Herr Braun daher eine Rückmeldung wie:

Albers: »*Guten Tag, ja der Kaffee schmeckt hier auch sehr gut. Ich habe sogar einen leckeren Latte Macchiato bekommen.*«

Jetzt ist das erste Eis gebrochen und es ist die Aufgabe von Boris Braun, das Gespräch weiterzuführen. Die Einstiegsbemerkung (E) muss nicht das Thema sein, das man nun weiter ausführt. Albers und Braun unterhalten sich demnach nicht weiter über verschiedene Tee- oder Kaffeesorten. Die Einstiegsbemerkung hatte die Funktion, die Gesprächsbereitschaft zu eruieren. Der Weg ist nun für verschiedene andere Themen frei.

7.4 Vom Hölzchen aufs Stöckchen kommen

Boris Braun kann nun das Gespräch fortführen. Er stellt eine Frage (F) oder setzt mit einer einleitenden persönlichen Information (PI), also einer Vorabinformation und einer anschließenden Frage (F) das Gespräch fort.

Braun: »Ja, so am frühen Morgen brauche ich auch einfach eine gute Tasse Tee. Hatten Sie schon Gelegenheit, sich das Programm der Veranstaltung genau anzuschauen?« (Frage F) oder

»Ja, so am frühen Morgen brauche ich auch einfach eine gute Tasse Tee. Ich habe gestern Abend das Programm nur kurz überflogen (persönliche Information PI). Hatten Sie schon Gelegenheit, sich das Programm der Veranstaltung genau anzuschauen?« (Frage F)

Albers: »Ja.«

Diese knappe Antwort muss keine Gesprächsabsage sein, sondern ist auch auf die Art der Fragestellung zurückzuführen. Mehr über Fragetechniken erfahren Sie im Kapitel 8. Herr Braun könnte in diesem Fall fortfahren mit einer Bemerkung, was ihn an der Veranstaltung besonders interessiert. Vielleicht antwortet Frau Albers aber auch ausführlicher, wie:

Albers: »Ja, ich habe mir das Programm eben in der S-Bahn angesehen.«

Jetzt kann Herr Braun über das Programm der Veranstaltung sprechen oder die Anreise weiter thematisieren:

Braun: »Dann kommen Sie hier aus der Gegend.«
Albers: »Genau, ich komme aus Wedel und von dort gibt es eine super S-Bahn Verbindung bis hierher.«
Braun: »Na, besonders weit hatte ich es auch nicht, ich komme aus Hannover.«

Es ist nun nach den ersten paar gewechselten Sätzen an der Zeit, sich miteinander bekannt zu machen.

Braun: *»Übrigens, mein Name ist Boris Braun.«* (N)
Albers: *»Anna Albers, freut mich.«*

Sich miteinander bekannt zu machen, verändert die Gesprächsstimmung sofort positiv. Dadurch erhält der Small Talk eine persönlichere und vertrautere Wendung. Wenn Sie zukünftig diese Regel anwenden, werden Sie das feststellen.

Braun: *»Übrigens ist mir vorhin bei der Anmeldung aufgefallen, dass die Veranstaltung heute vermutlich recht voll wird. Ich hoffe, dass ich einige praktische Informationen für meine Branche, also den Maschinenbau, bekomme.«*
Albers: *»Ach, das ist ja interessant. Ich arbeite auch in einem Maschinenbauunternehmen.«*
Braun: *»Dann arbeiten Sie wahrscheinlich bei Astrus, die sitzen meines Wissens doch in Wedel? Ich bin in der EDV-Abteilung bei Drombach tätig.«*
Albers: *»Ja, ich arbeite bei Astrus, allerdings nicht in der EDV, sondern in der Marketingabteilung.«*

An dieser Stelle kann Herr Braun das Thema Beruf weiterführen oder auf den Wohnort zurückkommen und dies mit einer Bemerkung zur Unterkunft verbinden.

Braun: *»Dann können Sie ja heute Abend nach Hause fahren. Mein Hotel ist in der HafenCity, hier im Hotel habe ich leider kein Zimmer mehr bekommen. Wissen Sie, ob das eine ruhige Gegend ist?«*

Albers: »*Im Prinzip schon, allerdings dürfte dort momentan relativ viel los sein, da die Queen Mary 2 für ein paar Tage am Kreuzfahrt-Terminal liegt.*

Braun: »*Ach so, das habe ich nicht gewusst. Aber das ist bestimmt auch ganz interessant, sich das mal anzuschauen. Sicher waren Sie schon mal da?*«

Albers: »*Schon oft. Mein Mann ist aus Hamburg und begeistert von solch großen Kreuzfahrtschiffen.*«

Schon bei diesen wenigen Sätzen wird deutlich, dass ein Small Talk von der Bereitschaft lebt, persönliche Informationen zu geben, die Ihr Partner im Gespräch aufgreifen kann. Durch gezieltes Nachfragen signalisieren Sie Interesse an Ihrem Gegenüber. Fragen sind ebenfalls angebracht, wenn Ihr Gesprächspartner die von Ihnen angebotenen persönlichen Informationen als Thema nicht aufgreift. Dann ist es sinnvoll, mit der richtigen Fragestellung zu versuchen, das Gespräch in Gang zu bringen und zu halten. Mehr dazu erfahren Sie in Kapitel 8.

So kann es sein, dass Anna Albers und Boris Braun schnell in einen netten Small Talk vertieft sind.

KOMPAKT **Für ein erstes Kontaktgespräch mit einer einzelnen fremden Person ergänzen Sie die bereits bekannte Regel BEN durch persönliche Informationen (PI) und Fragen (F). Das ermöglicht Ihnen, verschiedene Themen anzusprechen und auf den Gesprächspartner einzugehen. Wichtig ist, dass Sie zuhören.**

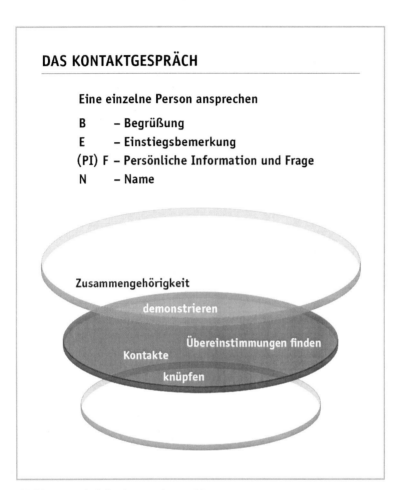

DAS KONTAKTGESPRÄCH

Eine einzelne Person ansprechen

B – Begrüßung
E – Einstiegsbemerkung
(PI) F – Persönliche Information und Frage
N – Name

Zusammengehörigkeit

demonstrieren

Übereinstimmungen finden

Kontakte

knüpfen

Abbildung 5: Technik für das Kontaktgespräch

7.5 Einen Bekannten begrüßen

Inzwischen ist Carl Cramer eingetroffen. Cramer hasst nichts mehr, als auf Veranstaltungen mit wildfremden Leuten ins Gespräch kommen zu müssen und ist daher begeistert, als er Anna Albers erblickt, die er vom Golfspielen kennt. Am vergangenen Wochenende haben beide an einem Turnier teilgenommen. Jedoch musste Herr Cramer das Turnier frühzeitig verlassen, er wurde durch einen tieffliegenden Golfball leicht verletzt. Er freut sich daher, Frau Albers zu sehen, um auch zu erfahren, wie das Turnier ausgegangen ist und begibt sich direkt zu Ihrem Tisch.

Wie würden Sie als Carl Cramer ein Gespräch beginnen, wie würden Sie sich verhalten?

_____

_____

_____

_____

_____

_____

Vielleicht würden Sie so vorgehen:

Cramer stellt sich an den Tisch und begrüßt Frau Albers:

Cramer: *»Hallo, Frau Albers.«*
Albers: *»Guten Tag, Herr Cramer.«*

Der lockere Small Talk zwischen Frau Albers und Herrn Braun wird dadurch unterbrochen.

Cramer: »Das ist ja nett, dass ich Sie hier treffe. Haben Sie denn letzte Woche das Turnier gut beendet?«

Albers: »Ja, ich habe zwar nicht so gespielt, wie ich es mir vorgestellt hatte, aber es war schon ganz okay.«

Cramer: »Mich interessiert brennend, wer denn nun gewonnen hat, etwa wieder Herr Kirchner?«

Versetzen Sie sich nun in die Lage der verschiedenen Gesprächsteilnehmer. Herr Braun wird irritiert sein und sich vermutlich als Außenseiter fühlen, weil Frau Albers und Herr Cramer über etwas sprechen, zu dem er keinen Bezug hat. Er hat zwar mitbekommen, dass die beiden einen Sport ausüben, aber nähere Angaben, um welche Sportart es sich handelt, fehlen ihm.

Anna Albers fühlt sich auch nicht wohl, denn sie weiß nicht, wie sie reagieren soll. Sie will sich nicht unhöflich gegenüber Herrn Cramer verhalten, zumal sie sich auch freut, mit ihm über das Turnier sprechen zu können. Andererseits ist ihr klar, dass Boris Braun bei diesem Gespräch ausgeschlossen ist.

Sie könnten Herrn Cramer vorwerfen, dass er unhöflich war. Er hatte aber nicht das Gefühl, das Gespräch zu unterbrechen, weil er gleich Blickkontakt zu Frau Albers hatte und empfand es nicht als Störung, ›Hallo‹ zu sagen.

Horchen Sie mal in sich hinein, haben Sie sich schon mal ähnlich verhalten? Waren Sie auch schon mal froh, bei einer Veranstaltung auf einen Bekannten zu treffen. Es ist nicht ungewöhnlich, dass eine solche Situation entsteht.

Wer sollte nun was tun, oder wer ist jetzt verantwortlich, die Situation zu retten?

Grundsätzlich ist es die Aufgabe von Anna Albers, die Situation zu bereinigen, denn sie kennt die beiden anderen Gesprächsteilnehmer. Sie sollte Boris Braun und Carl Cramer miteinander bekannt machen.

Jetzt wird deutlich, wie wichtig es war, dass Frau Albers und Herr Braun sich namentlich vorgestellt haben. Wenn man sich nicht gegenseitig mit Namen vorgestellt hat, kann man hinzukommende Personen auch nicht miteinander bekannt machen. Dann wäre die Situation für Frau Albers noch schwieriger. Je früher Anna Albers Herrn Cramer unterbricht, desto besser. Denn umso geringer ist die Wahrscheinlichkeit, dass sich ein Dialog zwischen Frau Albers und Herrn Cramer entwickelt und sich Herr Braun ausgeschlossen fühlt.

Anna Albers könnte wie folgt reagieren, nachdem Carl Cramer sie mit einem Hallo begrüßt:

Albers: »*Guten Tag, Herr Cramer. Sie scheinen sich ja wieder einigermaßen erholt zu haben. Herr Braun, das ist Carl Cramer, wir kennen uns vom Golfspielen, wir haben letzte Woche an einem Turnier teilgenommen. Herr Cramer hatte leider eine kleine Verletzung davongetragen.*«

Cramer: *»Genau und daher musste ich vorzeitig gehen und bin natürlich brennend interessiert, wie das Turnier ausgegangen ist.«*

Albers: *»Herr Kirchner hat wieder gewonnen. Spielen Sie vielleicht auch Golf, Herr Braun?«*

Braun: *»Nein, ich treibe gar keinen Sport. Ich spiele Schach, dabei kann ich wunderbar abschalten.«*

Boris Braun teilt also nicht die Leidenschaft des Golfspielens. Ein guter Small Talk zeichnet sich dadurch aus, dass sich alle Personen am Gespräch beteiligen und mit einbezogen werden. Darum ist es jetzt angebracht, das Thema Golf kurz zu fassen. Über die Details des Turniers können sich Albers und Cramer auch zu einem späteren Zeitpunkt unterhalten.

Wie könnte das Gespräch nun weitergehen? Da Anna Albers beide Personen kennt, könnte sie versuchen, ein Thema zu finden, das beide interessiert.

Albers: *»Herr Cramer ist übrigens auch EDV-Spezialist, allerdings ist er in einer anderen Branche tätig. Herr Braun arbeitet in einem Maschinenbauunternehmen in der EDV-Abteilung.«*

Cramer: *»Ach, das ist ja interessant. Ich betreue die EDV und die Internetaktivitäten eines Start-up-Unternehmens im Bereich Biotechnologie.«*

So hätte Anna Albers es ermöglicht, ein gemeinsames Thema zu finden, sodass sich alle drei miteinander unterhalten können.

Der Beruf ist in dieser Situation selbstverständlich ein gutes Thema, weil Gemeinsamkeiten zwischen den Teilnehmern bestehen müssen, sonst wären nicht alle zu dem Seminar angemeldet. Aus Begegnungen während eines Seminares entwickeln sich oft wertvolle Kontakte für die Zukunft. Versuchen Sie trotzdem, sich nicht zu ausführlich über den Beruf zu unterhalten und nicht in das Fachthema abzudriften. Nutzen Sie besser diese Zeit, mit dem Small Talk einen Kontakt auf der persönlichen Ebene herzustellen. Sicherlich ergibt sich im Laufe des Seminars noch die Gelegenheit zum Fachsimpeln.

KOMPAKT **Gesprächsfalle Vertraulichkeit: Miteinander bekannte Personen tauschen sich häufig über Themen aus, zu denen Dritte nichts sagen können. Auf diese Weise Vertraulichkeit zu demonstrieren, ist grob unhöflich und im Sinne eines guten Small Talks strikt zu vermeiden.**

7.6 Wie Sie auf eine Gruppe zugehen

Der Raum hat sich inzwischen gefüllt, an allen Tischen stehen Grüppchen. Doris Drews betritt den Raum. Sie kann sich mit Ihrem Kaffee allein in eine Ecke stellen, durch den Raum schlendern, oder sie entscheidet sich, auf eine fremde Gruppe zuzugehen, zumal ihr Chef ihr mit auf den Weg gegeben hat, ein paar Kontakte zu knüpfen.

Es kostet Überwindung, Kontakt zu einer Gruppe aufzunehmen, die in ein Gespräch vertieft zu sein scheint. Zumal es auf den ersten Blick oft so aussieht, als würden sich die Gruppenmitglieder untereinander schon länger kennen. Eine Möglichkeit ist, sich an dem Getränk festzuhalten und herumzulaufen. Allerdings ist es uns unangenehm, wenn wir den

Eindruck erwecken, ausgeschlossen zu sein. Besonders, wenn andere erkennen, dass wir nicht dazugehören. Wir fühlen uns wie ein sitzengelassenes Mauerblümchen, mit dem niemand reden will. Wir wollen zu einer Gemeinschaft zählen und in diesem Fall kann das heißen: Mitglied einer Small-Talk-Runde zu sein.

Wie würden Sie an Stelle von Doris Drews vorgehen? Machen Sie sich ein paar Notizen, bevor Sie weiter lesen.

_____

_____

_____

_____

_____

Auf welche Gruppe soll Doris Drews zugehen? Alle scheinen sich bereits zu kennen oder über ein wichtiges Thema zu sprechen. Wie soll sie herausfinden, ob es angebracht wäre, sich dazu zustellen?

Meiden Sie Gruppen, die einen sehr vertrauten oder einen sehr beschäftigten Eindruck machen: eine Gruppe, oder zwei Personen, die dicht beieinander stehen und ihre Köpfe eng zusammen gesteckt haben.

Gehen Sie auf eine Gruppe zu, die locker zusammensteht und bei der eine der Personen gerade nicht am Gespräch beteiligt zu sein scheint. Die Chance ist größer, dass sich diese Person Ihnen zuwendet und Sie mit ihr ein Gespräch beginnen und schließlich in das Gruppengespräch einbezogen werden.

Doris Drews stellt sich mit Ihrem Kaffee zur Dreiergruppe. Sie sagt erst einmal nichts, sondern hört zu, worüber sich die Gruppe unterhält. Sie nickt vielleicht kurz in die Runde, unterbricht aber nicht die Konversation durch ein »Hallo« oder »Darf ich mich hier zustellen?« Sie stellt ihre Kaffeetasse ab und wartet. Im Idealfall wird sie angesprochen, beispielsweise mit der Bemerkung:

Braun: »Hallo, wir unterhalten uns gerade über Weihnachtsmärkte hier in Hamburg. Frau Albers hat uns schon einige Anregungen gegeben, sie kommt hier aus der Gegend.«

So freundlich aufgenommen und gleich mit einbezogen zu werden, ist nicht unwahrscheinlich. Denn den anderen am Tisch fiel es auch nicht leicht, Kontakt aufzunehmen: Anna Albers erschien als eine der Ersten beim Seminar, um selbst nicht aktiv werden zu müssen. Boris Braun musste sich auch überwinden, eine allein stehende junge Dame anzusprechen und Carl Cramer war froh, ein bekanntes Gesicht zu treffen.

Wird Doris Drews nicht gleich mit ins Gespräch einbezogen, geht sie nach folgender Technik vor:

Sie stellt sich zu der Gruppe, hört zunächst zu (Zuhören Z), unterbricht das laufende Gespräch zwischen den anderen Personen nicht, sondern ergreift in einer kurzen Gesprächspause die Initiative, um in das Gespräch einzusteigen (Einstiegsbemerkung E). Nach wenigen Sätzen stellt Sie sich mit Ihrem Namen vor (Namensnennung N).

Drews: *»Das hört sich wirklich interessant an, es lohnt sich vermutlich, mal ein Wochenende in der Vorweihnachtszeit in Hamburg zu verbringen. Vielleicht kann man das dann gleich mit einem Musicalbesuch verbinden?«*

Albers: *»Das lohnt sich auf jeden Fall.«*

Braun: *»Meine Frau und ich waren schon einige Male zum Musical hier und waren jedes Mal begeistert.«*

Drews: *»Das glaube ich gern. Ich komme aus Berlin und das ist eigentlich auch nur ein Katzensprung von hier, sodass man so einen Trip auch mal kurzfristig planen könnte. Übrigens, mein Name ist Doris Drews.«*

So können sich nun die anderen auch vorstellen und es entsteht eine nette Runde, die weiter über das eine oder andere plaudert.

DAS KONTAKTGESPRÄCH

Auf eine Gruppe zugehen

Z – Zuhören
E – Einsteigen
N – Namen nennen

Abbildung 6: Technik für das Ansprechen einer Gruppe

Einer unserer Seminarteilnehmer machte folgenden Vorschlag, sich in ein Gruppengespräch einzubringen: Man könne sich doch zunächst mal unauffällig der Gruppe nähern, sich mit dem Rücken zur Gruppe stellen und versuchen, mitzubekommen, was das Thema der Unterhaltung sei, um sich dann an geeigneter Stelle umzudrehen und eine Frage zum Thema zu stellen: »*Entschuldigen Sie, ich höre gerade, dass Sie sich über Wandern auf Mallorca unterhalten. Das hatten meine Frau und ich auch schon mal ins Auge gefasst. Was denken Sie, was die beste Jahreszeit dafür wäre?*«

Von einer derartigen Kontaktaufnahme raten wir ab. Versetzen Sie sich in die Situation der Gruppe, die das Gefühl haben muss, belauscht worden zu sein!

7.7 Noch mehr zum Kontaktgespräch

Zur mittleren Ebene, dem Kontaktgespräch, zählen Situationen, in denen wir Kontakt knüpfen oder in einem Gespräch Gemeinsames finden wollen. Im Vergleich zum kleinen Gespräch sind das oft längere Gespräche, bei denen Sie auf den Gesprächspartner eingehen und versuchen, aus dem Gesagten oder über Fragen Themen zu finden, die alle in das Gespräch einbinden und die nicht langweilen.

Sie wissen jetzt, wie man auf Einzelpersonen oder Gruppen zugeht, und wie Sie es vermeiden, andere auszuschließen (Gesprächsfalle Vertraulichkeit).

Ein Kontaktgespräch endet häufig nicht automatisch, sondern Sie müssen oder wollen es aktiv beenden. Bei der oben beschriebenen Situation würde das Gespräch zwar automatisch enden, wenn das Seminar beginnt. Dennoch zählt sie zu den Kontaktgesprächen, weil es sich um ein längeres und vorhersehbares Gespräch handelt.

Ein Gespräch höflich beenden zu können, ist wichtig, wenn Sie Wert darauf legen, verschiedene Personen zu sprechen, beispielsweise bei Einladungen, Netzwerkveranstaltungen oder auch Events, bei denen Sie Gastgeber sind. Sie finden daher in Kapitel 9 Anregungen für den Ausstieg aus dem Gespräch.

In den folgenden Kapiteln werden wir weitere Situationen beschreiben, die zur mittleren Ebene zählen. So erfahren Sie im Kapitel 10 wie Sie ein Sachgespräch mit dem Kontaktgespräch umrahmen und auch beim Netzwerken setzen Sie die Techniken des Kontaktgespräches ein (Kapitel 11).

Mit Fragen
ins Gespräch kommen

»Die einzige Weltmacht, die noch keinen Krieg geführt hat: die Frage.«

Walter Fürst († 1317), Schweizer Aphoristiker

8.1 Wer fragt, gewinnt

Fragetechniken spielen in jeder Art von Gesprächsführung eine zentrale Rolle. Bereits Sokrates (470–399 vor Christi) animierte seine Studenten, durch Fragen zu eigenen Antworten zu kommen. In seiner philosophischen Schule legte er einen Grundstein zu der Erkenntnis, dass der Fragende Einfluss auf den Gesprächsverlauf hat. Noch heute zitieren wir ihn oft ohne es zu wissen, mit dem Spruch *»Wer fragt, führt«*.

Unter dem Begriff Fragetechniken wird häufig die Absicht verstanden, den Gesprächspartner durch den gezielten Einsatz hauptsächlich offener und geschlossener Fragen rhetorisch zu lenken. In der Akquise werden geschlossene Fragen gern eingesetzt, um beim Kunden ein ›Ja‹, also Zustimmung zu erhalten.

Anders ist es beim Small Talk: Hier sollen sich die Gesprächspartner gleichwertig an einem Gespräch beteiligen. Der Small Talk dient dem unverbindlichen Kennenlernen und verfolgt nicht das Ziel, das Gespräch durch manipulative Fragetechniken in eine bestimmte Richtung zu steuern oder den Gesprächspartner zu einer Handlung zu veranlassen, wie zum Beispiel in einem Verkaufsgespräch oder in der Demagogie.

Mit offenen Fragen können Sie das Gespräch beginnen und in Gang halten, ohne dass sich der Gesprächspartner ausgefragt fühlt und mit mehr als nur mit ja oder nein antworten kann. Versuchen Sie, etwas Verbindendes über den Gesprächspartner zu erfahren.

Wer fragt, erhält Informationen und Themen für die Fortsetzung des Gesprächs.

TIPP

Zunächst müssen Sie bewusst offene und geschlossene Fragen unterscheiden. Eine geschlossene Frage kann mit Ja oder Nein beantwortet werden und animiert den Gefragten nicht, das Gespräch fortzuführen. Mit einer offenen Frage geben Sie dem Angesprochenen die Möglichkeit, mehr zum Thema zu sagen und aus vielen Antwortmöglichkeiten zu wählen. Daraus lassen sich weitere Gesprächsthemen entwickeln.

8.2 So halten Sie das Gespräch in Gang

Beobachten Sie Ihre Umgebung und konkretisieren Sie diese zum Beispiel durch eine Frage, die den Gesprächspartner zu einer Reaktion bewegen soll. Wir empfehlen, der Frage eine persönliche Mitteilung voranzustellen. Nutzen Sie dabei räumliche (R), sachliche (S) oder zeitliche (Z) Anknüpfungspunkte.

(S) Der Vortrag war sehr interessant.	Die Idee fand ich interessant. Offene Frage: Was meinen Sie dazu?
(S) Es war mal wieder Stau.	Am Kamener Kreuz geht morgens gar nichts. Offene Frage: Aus welcher Richtung sind Sie gekommen?
(Z) Ich bin das erste Mal hier.	In Düsseldorf war ich noch nie. Offene Frage: Wie gut kennen Sie sich hier aus?
(Z) Ich war schon letztes Mal dabei.	Im letzten Jahr war die Veranstaltung besser besucht. Offene Frage: Zum wievielten Mal sind Sie hier?
(R) Das ist ein schöner Raum hier.	Der Raum hat eine tolle Atmosphäre. Offene Frage: Wie gefällt Ihnen der Raum?

Es ist zunächst ungewohnt, daran zu denken, Fragen offen zu formulieren. Damit Sie sich das besser einprägen, hilft es, typische erste geschlossene Eröffnungsfragen bewusst in offene Fragen umzuformulieren.

Bitte schreiben Sie die geschlossenen Fragen in offene Fragen um und geben Sie vorab eine persönliche Information (PI).

Als Gedankenstütze können Sie sich angewöhnen, Fragen als sogenannte W-Fragen zu stellen, das heißt, das Fragewort fängt mit einem ›W‹ an. Natürlich können Sie offene Fragen auch anders einleiten, wichtig ist nur, dass die Frage nicht mit Ja oder Nein beantwortet werden kann.

Beispiel: Geschlossene Fragen zu offenen Fragen umformulieren

Geschlossene Frage: Sind Sie mit der Bahn angereist?	
Persönliche Information	Ich habe mich aufgrund des Wetters heute Morgen entschieden, mit der Bahn anzureisen.
Offene Frage	Wie sind Sie hergekommen?

Nun sind Sie dran

Geschlossene Frage: Treiben Sie auch Sport?	
Persönliche Information:	
Offene Frage:	

Geschlossene Frage: Waren Sie mit dem Hotel zufrieden?	
Persönliche Information:	
Offene Frage:	

Geschlossene Frage: Waren Sie schon mal in diesem Hotel?	
Persönliche Information:	
Offene Frage:	

Geschlossene Frage: War der erste Vortrag interessant?	
Persönliche Information:	
Offene Frage:	

Geschlossene Frage: Kommen Sie auch aus Köln?

Persönliche Information:	
Offene Frage:	

Geschlossene Frage:
War es in Saarbrücken in der letzten Woche auch so warm?

Persönliche Information:	
Offene Frage:	

Geschlossene Frage: Kennen Sie den Referenten?

Persönliche Information:	
Offene Frage:	

Geschlossene Frage: Haben Sie Ihren Sommerurlaub schon geplant?

Persönliche Information:	
Offene Frage:	

Geschlossene Frage: Finden Sie die neuen Terminpläne sinnvoller?

Persönliche Information:	
Offene Frage:	

Auflösung der Übung Fragetechniken (Beispiele)

Geschlossene Frage: Treiben Sie auch Sport?

Persönliche Information:	Ich bin begeisterter Tennisspieler.
Offene Frage:	Wie halten Sie es denn mit Sport?

Geschlossene Frage: Waren Sie mit dem Hotel zufrieden?

Persönliche Information:	Wir haben Sie diesmal im Hotel Machnower Hof untergebracht, das hat neu eröffnet.
Offene Frage:	Wie zufrieden sind Sie damit?

Geschlossene Frage: War der erste Vortrag interessant?

Persönliche Information:	Mein Zug hatte Verspätung, nun habe ich den ersten Vortrag leider verpasst.
Offene Frage:	Was fanden Sie besonders interessant?

Geschlossene Frage: Kommen Sie auch aus Köln?

Persönliche Information:	Ich habe früher zehn Jahre in Köln gelebt, hier hat sich ja viel verändert!
Offene Frage:	Woher kommen Sie?

Geschlossene Frage: War es in Saarbrücken in der letzten Woche auch so warm?

Persönliche Information:	In Schleswig-Holstein war es letzte Woche ungewöhnlich heiß.
Offene Frage:	Wie war denn das Wetter in Saarbrücken?

Geschlossene Frage: Kennen Sie den Referenten?

Persönliche Information:	Ich habe jetzt schon drei Veranstaltungen dieses Referenten besucht und finde es immer wieder interessant.
Offene Frage:	Woher kennen Sie den Referenten?

Geschlossene Frage: Haben Sie Ihren Sommerurlaub schon geplant?

Persönliche Information:	Ich habe gestern meine nächste Urlaubsreise gebucht. Erstmals geht es nach Skandinavien.
Offene Frage:	Wohin treibt es Sie im nächsten Urlaub?

Geschlossene Frage: Finden Sie die neuen Terminpläne sinnvoller?

Persönliche Information:	Auf die neuen Terminpläne muss ich mich noch einstellen.
Offene Frage:	Was halten Sie davon?

KOMPAKT Mit einer offen formulierten Frage signalisieren Sie Interesse und laden den Gesprächspartner ein, sich am Gespräch zu beteiligen und etwas über sich zu erzählen. Die Antworten auf offene Fragen eröffnen Ihnen die Möglichkeit, den Gesprächsfaden weiter zu spinnen. Offene Fragen fördern die Beziehungen zwischen den Gesprächspartnern.

8.3 So bleiben Sie im Gespräch

Mit einer persönlichen Information oder einer Bemerkung und einer offenen Frage hatten Sie bereits einen guten Gesprächseinstieg. Die Antwort auf diese Frage gibt Ihnen ein weites Spektrum an Themen für den weiteren Gesprächsverlauf.

Hier die offene Frage aus unserem ersten Beispiel:

Geschlossene Frage: Sind Sie mit der Bahn angereist?	
Persönliche Information:	Ich habe mich aufgrund des Wetters heute Morgen entschieden, mit der Bahn anzureisen.
Offene Frage:	Wie sind Sie hergekommen?
Mögliche Antwort:	Ich bin mit dem Auto gekommen, das ist für mich bequemer.
Assoziation:	Autobahn, Stau, Parkplatz, Parkhaus, Parkgebühren, Fahrtdauer, Navigationsgerät, Anreiseort

Sie könnten mit jedem der assoziierten Begriffe das Gespräch fortsetzen, am besten, Sie schließen gleich eine weitere offene Frage an, zum Beispiel:

»Habe ich auch überlegt, aber ich habe eine sehr gute Bahnverbindung ohne Umzusteigen und vom Bahnhof sind es ja nur wenige Meter bis hierher. Wie weit haben Sie es zum Autobahnanschluss?« oder

*»Ich bin letztes Jahr auch mit dem Auto gekommen, stand aber am Ka-
mener Kreuz ewig im Stau. Wie sind Sie denn heute durchgekommen?«*
oder

*»Ich habe gehört, dass es fast unmöglich ist, hier einen Parkplatz zu
finden. Wo parken Sie?«* oder

*»Ich komme aus Berlin und habe festgestellt, dass ich mit dem Auto
wesentlich länger brauche. Wie lange haben Sie denn gebraucht?«* oder

*»Ich wollte auch mit dem Auto fahren, aber mein Mann hat das Navi mit-
genommen, da bin ich hilflos. Wie geht Ihnen das denn?«*

8.4 Assoziieren Sie

Wenn Sie befürchten, dass Ihnen kein Gesprächsthema einfällt, empfehlen wir Assoziierungsübungen mit typischen ersten offenen Fragen,
mit denen Sie ein Gespräch beginnen, zum Beispiel:

Hotel, Sport, Wetter, Veranstaltung, Räumlichkeiten, Aussicht, Zeit
(Verspätung, Länge oder Dauer).

Beispiel: Hotel
Warum gewählt? Nähe zum Veranstaltungsort; schon mal da gewesen;
war schwierig, eines zu finden; nichts anderes mehr frei; ist sehr ruhig;
Ausstattung gefällt; Preis-Leistungsverhältnis stimmt; im Urlaub in Hotel der gleichen Kette gewesen; Frühstück sollte extra gezahlt werden;
war darum im Bistro nebenan ...

Wenn Sie vorher schon wissen, dass Sie auf fremde Menschen treffen werden, kennen Sie bereits den Anlass und oft die Räumlichkeiten. Sie können sich gut vorbereiten mit Schlüsselwörtern und Assoziationsketten.

Mit offenen Fragen und Gedankenketten zu den häufig vorkommenden Begriffen, die typischerweise bei einem ersten Small Talk vorkommen, werden Sie schnell ein lebhaftes Gespräch in Gang bringen. Die Informationen, die Sie auf diese Weise von Ihren Gesprächspartnern erhalten, bieten genügend Stoff, das Gespräch zu einem späteren Zeitpunkt und an einem anderen Ort wieder aufzunehmen. Wenn Sie das wünschen, ist jetzt der richtige Zeitpunkt, Ihr Interesse daran auszudrücken und die Visitenkarten auszutauschen.

KOMPAKT

Gespräche beenden, in Kontakt bleiben

»Der größte Schritt ist der Schritt aus der Tür.«

Sprichwort

9.1 Verabschieden aus einer Gruppe

Kommen wir zurück zur Seminarsituation aus Kapitel 7: Albers, Braun, Cramer und Drews unterhalten sich angeregt. Bevor das Seminar beginnt, möchte Frau Albers noch mit anderen inzwischen Eingetroffenen sprechen. Dazu muss sie sich aus der Gruppe verabschieden.

Wie macht sie das, ohne das Gruppengespräch zu stören und mit ihrem Weggehen das gesamte Gespräch zu beenden und trotzdem die Möglichkeit beizubehalten, die Kontakte wieder aufzunehmen?

Ein Teilnehmer unserer Seminare berichtet: *»Ich gehe dann einfach wortlos, wenn die anderen sich rege unterhalten, dann störe ich das Gespräch nicht durch meinen Abschied.«*

Eine andere Teilnehmerin entschuldigt sich gern mit der Bemerkung, noch mal ans Buffet zu wollen und sich noch ein Getränk zu holen, tatsächlich kehrt sie dann nicht zur Gruppe zurück.

Weggehen ohne Verabschiedung ist unhöflich und lässt Spielraum für Spekulationen: Haben die Teilnehmer des Gespräches etwas gesagt, was verärgert hat? Oder haben sie den anderen gelangweilt? Findet er die Gesprächsrunde nicht interessant genug, um dabei zu bleiben? Eine Ausrede wie *»ich hole mir noch eben ein Getränk«* zu äußern und dann nicht zurück zu kommen, ist unehrlich und dazu gibt es keinen Anlass.

Außerdem könnte es passieren, dass Sie gebeten werden, etwas vom Buffet mitzubringen.

Warten Sie eine kleine Gesprächspause ab und kündigen Sie Ihr Weggehen mit einer ehrlichen Begründung an. Ergänzen Sie diese Begründung mit einem weiteren zukunftsbezogenen Satz:

»Ich sehe dort jemanden, den ich noch kurz begrüßen möchte. Wir sehen uns sicherlich noch.«

»Ich will noch schnell ein paar Unterlagen zusammenstellen, bis später.«

»Ich muss noch ein Telefonat führen, bis nachher.«

Verabschieden Sie sich aus einer Gruppe, indem Sie eine Gesprächspause abwarten. Damit ist keine längere Unterbrechung gemeint, sondern Gelegenheiten, bei denen Sie einhaken können. Sagen Sie noch einen abschließenden Satz zum Thema und schließen Sie den Abschiedssatz direkt an. Seien Sie ehrlich, nutzen Sie keine Ausreden oder Vorwände.

KOMPAKT

9.2 Verabschieden von einer einzelnen Person

Im Gegensatz zu einer Verabschiedung aus einer Gruppe, lassen Sie hierbei eine Person allein zurück. Es ist aber der Zweck beruflicher Veranstaltungen, vielfältige Kontaktchancen zu nutzen. Deshalb ist es völlig legitim, nach einem kurzen Small Talk weiterzuziehen.

Wenn Sie eine Person kennengelernt haben, mit der ein weiterer Kontakt oder Gedankenaustausch gewünscht ist, signalisieren Sie jetzt Ihr Interesse und überreichen Sie Ihre Visitenkarte. Bieten Sie an, eine Information im Laufe der nächsten Tage nachzureichen, dann haben Sie einen Aufhänger für einen Telefonanruf oder fragen Sie, ob Sie in den nächsten Tagen Kontakt aufnehmen können, um eine weitere Information zu erhalten.

Hier ein paar Beispiele, wie Sie sich nett aus einem Gespräch verabschieden können und in Kontakt bleiben, wenn gewünscht:

»Es ist nett, dass wir uns hier mal kennengelernt haben. Ich würde gern mehr über Ihre Heimatstadt erfahren, darf ich Sie mal anrufen und um ein paar Tipps bitten, denn ich bin werde demnächst geschäftlich einige Tage dort sein. Jetzt muss ich mich leider verabschieden, ich möchte noch ein wichtiges Telefongespräch führen.«

»Ich hatte gehofft, dass wir uns hier mal persönlich sehen, wir kannten uns ja bisher nur von Telefonaten. Nun habe ich ein Bild, wenn wir wieder telefonieren. Ich würde mich jetzt gern hier noch ein wenig umschauen. Also, vielleicht sehen wir uns später noch.«

»Ihre Erfahrungen auf einer Nil-Kreuzfahrt fand ich sehr interessant, ich werde sie meiner Kollegin erzählen, die hat demnächst auch eine geplant. Aber jetzt möchte ich noch ein bisschen herumschauen, wer heute hier ist. Ich hoffe, wir sehen uns bei der nächsten Veranstaltung, dann kann ich Ihnen sicher erzählen, wie meine Kollegin Ihre Ratschläge umgesetzt hat.«

»Ich fand es sehr interessant, die Problematik mal aus der Sicht eines Anbieters zu hören. Ich hoffe, wir treffen uns mal wieder, um das Gespräch fortzuführen. Jetzt muss ich leider gehen, ich sehe dort hinten Frau Grothe, an die habe ich noch einige Fragen.«

»Es lohnt sich doch immer, in den Pausen Leute aus der Szene zu treffen und über den eigenen Tellerrand zu blicken. Ich würde jetzt gerne noch ein bisschen die Runde machen, ich denke wir sehen uns spätestens bei der nächsten Veranstaltung.«

»Ich habe gute Erfahrung mit diesem System gemacht. Wenn Sie sich dafür interessieren, würde ich mich nächste Woche bei Ihnen melden und Ihnen die weiteren Kontaktdaten geben. Ich möchte hier jetzt noch die Runde machen und einige Bekannte begrüßen.«

9.3 Allzu anhängliche Gesprächspartner

Es gibt Menschen, die wollen Sie den ganzen Abend nicht mehr los lassen, weil sie froh sind, endlich einen Gesprächspartner gefunden zu haben. Manche Leute reden ohne Pause auf Sie ein, während Sie schon unruhig werden, denn Ihr Interesse an deren Ausführungen hält sich in Grenzen. Auch Ihre Körpersprache, Sie wenden sich ab oder sehen diskret zur Uhr, findet keine Beachtung. Sie möchten aber die Pause nutzen, andere Bekannte wieder zu treffen oder dem Referenten einige Fragen zu stellen.

Wie verhalten Sie sich, ohne unhöflich zu sein?

Zunächst ist es der Sinn einer Fachveranstaltung, Kollegen aus anderen Bereichen zu treffen und Gedanken auszutauschen. In diesem Fall dürfen Sie den anhänglichen Vielredner unterbrechen: *»Entschuldigen Sie, dass ich Sie unterbrechen muss, ich sehe dort Frau Thulmann, die schaut schon die ganze Zeit hierher, ich glaube, ich muss mich mal ihr widmen. Es war nett, Sie getroffen zu haben.«*

Je nachdem, um wen es sich handelt, können Sie ihn auch mitnehmen und in eine andere Gesprächsgruppe einführen: *»Ich sehe da hinten Frau Bahr, die ist in der Firma ABC im Vertrieb tätig. Lassen Sie uns doch zusammen mal rüber gehen.«* Nachdem Sie den Anhänglichen dort vorgestellt haben und er ins Gespräch eingestiegen ist, können Sie sich nach dem obigen Beispiel (Verabschieden aus einer Gruppe) entfernen.

KOMPAKT **Nutzen Sie berufliche Zusammentreffen für neue Kontakte. Bleiben Sie nicht an einer Person oder bei einer Gruppe kleben. Verabschieden Sie sich, indem Sie positiv das Gespräch zusammenfassen und überreichen Sie Ihre Visitenkarte, wenn Sie in Kontakt bleiben wollen. Ein Gefallen, der in Form einer Information nachgereicht wird, erleichtert es, Ihren neuen Kontakt anzurufen, um gemeinsamen Interessen weiter nachzugehen.**

Mit Small Talk
ins Verkaufsgespräch

»Small Talk ist die Kunst, an Wichtiges zu denken, während man Unwichtiges sagt.«

David Letterman (*1947), US-amerikanischer Fernsehmoderator

10.1 Oft unbeliebt aber notwendig – Akquise

Das lateinische Verb ›acquirere‹ lässt sich mit ›erwerben‹ übersetzen. Unter dem Begriff ›Akquirieren‹ werden alle aktiven Maßnahmen zusammengefasst, die zur Neukundengewinnung gehören. Im Gespräch mit potenziellen Auftraggebern wird Small Talk als Gesprächseinstieg und -ausstieg bewusst eingesetzt, um über das eigentliche Verkaufsanbahnungsgespräch hinaus eine Beziehungsebene herzustellen.

Wenn es zu Ihren Aufgaben gehört, das Geschäft in Gang zu bringen oder in Gang zu halten, wird Ihnen ein Small Talk zur richtigen Zeit helfen, Kunden zu finden, ins Gespräch zu kommen und im Gespräch zu bleiben.

Sie sind eine Ausnahme, wenn Sie gern akquirieren. Besonders die sogenannte Kaltakquise per Telefon ist vielen Menschen unangenehm und sie würden gern darauf verzichten. Kaltakquise bedeutet, Kontakt zu potenziellen Kunden aufzunehmen, zu denen bisher keinerlei Geschäftsbeziehung bestand. Telefonische Kaltakquise ist in Deutschland in vielen Fällen nicht erlaubt. Informieren Sie sich bitte vorher über die aktuelle gesetzliche Lage. Die Grundlage dafür ist das Gesetz für unlauteren Wettbewerb. Bei der Warmakquise nehmen Sie Kontakt zu Kunden auf, zu denen bereits ein geschäftlicher Kontakt besteht, um einen weiteren Auftrag zu erhalten.

10.2 Zunächst ein paar aufmunternde Tatsachen

Sie üben Ihren Beruf gern aus, Sie sind nicht unsicher im Umgang mit Kunden. Trotzdem würden Sie es lieber anderen überlassen, sich um neue Aufträge zu bemühen.

Die Akquise ist häufig eine zusätzliche Aufgabe zu den eigentlichen Arbeiten, für die jemand ausgebildet ist. Wenn Sie keine große Lust verspüren, sich auch um die Auftragsbeschaffung zu bemühen, müssen Sie wissen: Sie sind mit Ihrer Abneigung nicht allein, denn viele mögen Akquise gar nicht, haben

- Angst vor Ablehnung,
- die Befürchtung, aufdringlich zu erscheinen,
- bei Telefonanrufen möglicherweise zu stören, einen unpassenden Moment zu erwischen,
- als Bittsteller oder Klinkenputzer herüberzukommen.

Machen Sie sich bewusst: Sie, Ihr Produkt, Ihre Dienstleistung verdienen es, ins Gespräch gebracht zu werden.

10.3 Gehört Small Talk ins Verkaufsgespräch?

Ja, unbedingt, denn Small Talk im Verkaufsanbahnungsgespräch hilft Ihnen

- eine positive Stimmung zu erzeugen,

- Gemeinsamkeiten auf der Beziehungsebene zu finden,
- Informationen über das persönliche Umfeld Ihres Gesprächspartners zu erhalten.

In Kapitel 11 beschreiben wir ausführlich, warum es sich lohnt, Zeit in einen persönlichen Small Talk zu investieren. Bei Gesprächen mit Kunden, die Sie bereits kennen, ist es sinnvoll, das Gespräch mit einem Small Talk zu umrahmen. Das heißt vor und nach dem eigentlichen Fachgespräch führen Sie ein Gespräch auf der Beziehungsebene. Zur Beziehungsebene in einem Verkaufsgespräch gehören alle persönlichen Mitteilungen, die nicht zur Vermittlung von Fakten oder geschäftlichen Vereinbarungen zählen.

10.4 Frau Schubert und Herr Greifenberg

Das folgende Beispiel an Fragen und Bemerkungen auf der Beziehungsebene könnte am Beginn eines Sachgespräches stehen. Kunde Lars Greifenberg besucht Auftraggeberin Lisa Schubert in ihrem Büro, um einen Anschlussauftrag zu besprechen.

Schubert: *»Guten Tag, Herr Greifenberg, wie geht es Ihnen?«*
Greifenberg: *»Guten Tag, Frau Schubert. Danke, gut.«*
Schubert: *»Sind Sie gut hergekommen?«*
Greifenberg: *»Ja, danke, mein Zug war diesmal sogar pünktlich.«*
Schubert: *»Ah. Dann sind Sie nicht mit dem Auto hier?«*
Greifenberg: *»Das ist zur Inspektion. Und ich lasse mir noch einen Fahrradträger anbringen.«*

Während des Gespräches stellt der Kunde seine Tasche ab und holt seine Unterlagen heraus.

Schubert: *»Ach ja, Sie reisen ja immer nach Skandinavien. Ich dachte, Sie sind schon zurück?«*

Greifenberg: *»Ich war noch gar nicht weg. Ich musste doch letzte Woche zur Baumesse.«*

Schubert: *»Stimmt, da haben wir uns ja kurz gesehen. Ich musste die Vortragsveranstaltung leider früher verlassen. Waren Sie bis zum Schluss da?«*

Greifenberg: *»Ja, aber Sie haben nichts versäumt. Es kam nur noch eine Zusammenfassung des bereits Gesagten. Danach bin ich auch sofort abgereist.«*

Herr Greifenberg hat inzwischen seine Unterlagen zurechtgelegt.

Greifenberg: *»So, dann wollen wir mal – ich habe Ihnen neue Unterlagen mitgebracht, das Angebot für den Anschlussauftrag haben wir Ihnen ja schon zugemailt.«*

10.5 So schaffen Sie eine persönliche Verbindung zu Ihren Kunden

Hier beginnt nun das eigentliche Fachgespräch. Obwohl die Aussage *»mein Zug war diesmal sogar pünktlich«* auch eine sachliche Mitteilung ist, also eine Tatsache beschreibt, zählt sie nicht zu dem eigentlichen Fachgespräch mit dem Kunden, in dem es um die Fortsetzung eines Auftrages geht, sondern es handelt sich um die persönliche Mitteilung, wie der Kunde die Anreise erlebt hat.

Unter der Beziehungsebene wird auch die unausgesprochene persönliche Einstellung zum Gesprächspartner verstanden. Die Meinung, die wir von ihm haben, beeinflusst auch Sach- und Fachgespräche, Verkaufsgespräche und Verhandlungen. Der Small Talk auf der Beziehungsebene vor und nach dem Sachgespräch hat das Ziel, eine harmonische Gesprächsatmosphäre zu schaffen und ist besonders wichtig, auch wenn das gewünschte Ziel, in diesem Fall der Anschlussauftrag, nicht erreicht wird.

Im Sachgespräch ging es um die Durchführung des bereits erteilten Auftrages, danach spricht Lars Greifenberg den erhofften Anschlussauftrag an, für den er bereits ein Angebot schriftlich eingereicht hat. Frau Schubert muss ihm nun allerdings sagen, dass der Anschlussauftrag nicht erteilt werden kann, weil eine neue Geschäftsleitung eingesetzt wurde, die das Budget bisher nicht freigegeben hat. Nachdem Herr Greifenberg versucht hat, noch Argumente nachzuschieben, erkennt er, dass er heute nichts mehr ausrichten kann. Er will sich die Tür offenhalten, um zu einem späteren Zeitpunkt den Kunden wieder anzusprechen.

Das Gespräch könnte wie folgt enden:

Greifenberg: »*Das ist ja schade, dass es mit dem Erweiterungsauftrag nicht klappt. Ich würde Sie dann in vier Wochen noch mal anrufen, wie sich die Geschäftsleitung entschieden hat.*«
Schubert: »*Vier Wochen sind wohl zu knapp. Da werde ich noch nichts sagen können. Ich bedauere das auch, aber die neue Geschäftsleitung hält sich erst mal bedeckt. Wir wissen noch nicht, wie es weitergeht, sprechen Sie mich einfach in drei Monaten wieder an.*«

Jetzt ist es Zeit für einen Small Talk, während Lars Greifenberg seine Unterlagen einpackt.

Wenn das Gespräch nicht positiv verlaufen ist, ist es wichtig zu erkennen, wann es keinen Sinn mehr macht, noch weitere Argumente nachzuschieben. Führen Sie das Gespräch zurück auf die Beziehungsebene und beenden Sie dadurch das Sachgespräch mit einem Small Talk.

TIPP

Greifenberg: »*Na, dann hoffen wir mal auf später. Ich darf ja jetzt auch erst mal in Urlaub fahren, die Fähre ist schon gebucht. Sie waren doch letztes Jahr auch in Dänemark. Wie hat es Ihnen gefallen?*«
Schubert: »*Uns hat es sehr gefallen. Keine Kurtaxe und keine Strandkörbe, und für die Kinder wird dort ja auch viel geboten.*«
Greifenberg: »*Ja, das ist wahr. Unsere Kinder sind schon aus dem Haus, ich genieße dort mit meiner Frau die Weite und die Ruhe.*«

Inzwischen hat Herr Greifenberg seine Unterlagen zusammengepackt, beide gehen zur Tür.

Greifenberg: »*Ach übrigens: Wenn Sie wieder mal nach Fünen wollen, ich kenne dort die Vermieter eines sehr schönen Ferienhauses direkt am Meer, ich sende Ihnen nächste Woche mal die Kontaktdaten.*«
Schubert: »*Oh, das ist ja interessant. Mit Kindern ist der Urlaub in einem Ferienhaus einfach entspannter. Vielen Dank, dann warte ich auf die Adresse. Wir bleiben in Kontakt.*«

Herr Schubert hat mit dem Small Talk am Ende einer nicht so glücklich verlaufenen Verhandlung nicht nur die Zeit überbrückt während er seine Unterlagen zusammenpackte, sondern sich auch die Tür offengehalten für einen nächsten Kontakt. Damit bringt er auch zum Ausdruck, dass er die Absage nicht persönlich nimmt.

Mit dem Hinweis, dass er eine Vermieteradresse übermittelt, hat er einen Aufhänger, Lisa Schubert recht bald wieder anzurufen, auch wenn es noch zu früh ist, um über den Anschlussauftrag erneut zu verhandeln. Dabei könnte er nebenbei Informationen über die Vorgehensweise der neuen Geschäftsleitung erhalten.

KOMPAKT **Auch wenn in diesem Gespräch kein Auftrag erteilt wurde, die Informationen aus dem Small Talk erleichtern es, zu gegebener Zeit den Kontakt wieder aufzunehmen.**

10.6 Mit Small Talk in Verbindung bleiben

Wie wichtig auch dieses Gespräch auf der Beziehungsebene war, zeigt sich später an folgender möglicher Situation:

Lars Greifenberg hat nach einer Woche die Vermieteradresse übermittelt und ruft einige Wochen später in dem Unternehmen an, um Frau Schubert erneut anzusprechen. Unter ihrer Durchwahl meldet sich ein Bodo Maier, der ihm mitteilt, dass die Abteilung verkleinert wurde und Lisa Schubert nun bei einem Mitbewerber angestellt ist. Herr Greifenberg sieht das als Chance, mit dieser Firma endlich in Kontakt zu kommen, allerdings weiß er nicht, in welcher Funktion Frau Schubert dort beschäftigt ist. Die Informationen aus dem letzten Small Talk vereinfachen es ihm nun, sie anzurufen.

Greifenberg: »Guten Tag, Frau Schubert. Hier ist Lars Greifenberg von Technik Perfekt. Wir hatten E-Mail-Kontakt wegen des Ferienhauses in Dänemark. Ich wollte Sie eben bei Transco anrufen, wie wir es vor einiger Zeit verabredet hatten und höre, dass es dort doch größere Veränderungen gegeben hat.«

Er stellt sich in diesem Gespräch noch einmal kurz vor und gibt einen Hinweis auf den letzten Kontakt wegen des Ferienhauses. Das ist wichtig und sinnvoll, denn auch bei einem guten Kontakt zu einem Kunden, können Sie nicht davon ausgehen, dass er nach geraumer Zeit Ihren Namen und das vorangegangene Gespräch noch in Erinnerung hat.

Schubert: »Vielen Dank für den tollen Tipp mit dem Ferienhaus. Es war allerdings zu unserem Reisetermin bereits gebucht, aber wir haben über die Empfehlung des Eigentümers in der Nähe ein sehr schönes Haus gefunden.«

Greifenberg: »Na, das freut mich, dann hatten Sie vor Ihrem beruflichen Wechsel wenigstens noch mal die Möglichkeit, auszuspannen.«

Schubert: »Ja, es ging dann doch alles recht schnell, inzwischen freue ich mich aber über den Wechsel. Mein Aufgabenbereich ist sehr spannend und die neuen Kollegen sind auch sehr nett.«

Greifenberg: »Das hört sich ja gut an. Und wie ist die Verkehrsverbindung zur neuen Firma?«

Schubert: »Ich habe jetzt direkten U-Bahnanschluss. Die Gegend ist auch super, man hat hier in der Nähe viele kleine Restaurants, in denen man mittags nett speisen kann.«

Greifenberg: »Da fällt mir ein, in der Nähe ist doch das Café Storch, dort gibt es sehr leckere Snacks und Kleinigkeiten für die Mittagspause.«

Schubert: »Aha, das kenne ich noch nicht.«

Greifenberg: »*Das müsste bei Ihnen direkt um die Ecke sein, in der Pots-damer Straße. Sie sagten eben, dass Sie einen neuen Aufgabenbereich betreuen, sind Sie nicht mehr im Einkauf tätig?*«

Schubert: »*Nein, ich habe jetzt Sonderaufgaben für die Geschäftsleitung übernommen. Somit haben wir jetzt eigentlich keine direkten Anknüp-fungspunkte mehr.*«

Greifenberg: »*Das ist schade, wir haben doch immer einen guten Draht zueinander gehabt. Ich hatte gehofft, dass Sie jetzt auch für die Beschaf-fung zuständig sind. Aber dann können Sie mir doch sicher sagen, an wen ich mich wenden könnte und mir vielleicht noch einen Tipp geben.*«

Schubert: »*Ich bin ja auch noch nicht lange hier, aber für Ihre Produkte wäre wohl der Herr Schmidt der richtige Ansprechpartner. Ich gebe Ihnen mal die Durchwahl: 2395. Herr Schmidt hat allerdings Urlaub, versuchen Sie es doch in drei Wochen, da wird auch der Etat für das nächste Jahr besprochen.*«

Greifenberg: »*Vielen Dank, dann werde ich mein Glück in drei Wochen versuchen. Es ist ja gleich Mittag. Dann wünsche ich ihnen eine nette Pause, vielleicht probieren Sie das Café Storch mal aus. Falls ich dem-nächst bei Ihnen in der Nähe bin, melde ich mich gerne, vielleicht können wir dann noch ein bisschen plauschen.*«

Schubert: »*Gern, wir sind übrigens in sechs Wochen auf der regionalen Baumesse in Berlin. Da sind Sie doch auch immer. Melden Sie sich doch mal bei uns am Stand. Wenn es sich einrichten lässt, stelle ich Ihnen Herrn Schmidt vor.*«

Greifenberg: »*Das wäre super, wenn Sie unser Unternehmen empfehlen könnten.*«

Schubert: »*Mal sehen, ob ich das anbringen kann. Also dann bis zur Messe in Berlin.*«

Herr Greifenberg hat den Small Talk aus früheren Besuchen genutzt, um den richtigen Ansprechpartner zu erfahren. Er hat sich die Tür offengehalten, zu Frau Schubert wieder Kontakt aufzunehmen. Vielleicht kann sie für ihn in der Geschäftsleitung ein gutes Wort einlegen.

Scheuen Sie sich nicht, Ihre zufriedenen Kunden zu bitten, Sie zu empfehlen.

TIPP

Wie würde sich der Dialog ohne Small Talk anhören?

Greifenberg: »Guten Tag, Frau Schubert. Hier ist Lars Greifenberg von Technik Perfekt. Ich wollte Sie eben bei Transco anrufen, wie wir es vor einiger Zeit besprochen hatten und erfahre, dass Sie zu Kessler gewechselt haben. Sind Sie dort auch für den Einkauf zuständig?«
Schubert: *»Nein, ich habe jetzt Sonderaufgaben für die Geschäftsleitung übernommen. Somit haben wir jetzt keine Anknüpfungspunkte mehr.«*
Greifenberg: *»Das ist schade. Aber dann können Sie mir doch sicher sagen, an wen ich mich wenden könnte.«*
Schubert: *»Ich bin ja auch noch nicht lange hier, aber für Ihre Produkte wäre wohl der Herr Schmidt der richtige Ansprechpartner. Ich gebe Ihnen mal die Durchwahl: 2395.«*
Greifenberg: *»Vielen Dank, dann werde ich mein Glück dort versuchen.«*

Herr Greifenberg hat in diesem kurzen Dialog zwar den Ansprechpartner erfahren. Der Kontakt zu Frau Schubert wäre damit beendet. Er hätte keinerlei Anknüpfungspunkte mehr, um eventuelle Neuigkeiten oder Tipps von ihr zu bekommen. Die zusätzlichen Hinweise, wann der neue Etat besprochen wird und dass Herr Schmidt drei Wochen in Urlaub ist, hätte er ohne Gespräche auf der Beziehungsebene vermutlich nicht erhalten. Auch die Verabredung zur regionalen Baumesse wäre vermutlich nicht zustande gekommen.

TIPP **Ihre Ansprechpartner wechseln vielleicht die Firma, oft aber nicht die Branche. Versuchen Sie, Ihre Sachgespräche wie im vorliegenden Beispiel mit einem Small Talk zu umrahmen und eine persönliche Beziehung herzustellen. Das erleichtert Ihnen die erneute Kontaktaufnahme zu Personen, die Sie aus früheren Geschäftsbeziehungen kennen.**

10.7 Gute Vorbereitung macht Sie sicher

Welche Situationen und Anlässe gibt es für Sie, in denen Sie im persönlichen Gespräch Aufträge akquirieren können? Die meisten Akquisegespräche können Sie planen. Das sind Telefonanrufe bei Kunden oder Kundenbesuche. Für diese Gespräche werden Sie sich vorbereitet haben, das heißt, Sie wissen

- wann Sie das Gespräch führen,
- mit wem Sie sprechen wollen und
- welches Ziel Sie verfolgen.

Auf Messen, Ausstellungen oder Kongressen treffen Sie auf unbekannte Interessenten, die Sie von Ihrem Angebot überzeugen möchten. Weitere Möglichkeiten, einen Small Talk in ein Akquisegespräch überzuleiten, ergeben sich auf Veranstaltungen, Events, Einladungen, beim Netzwerken und vielem mehr.

Kaltakquise am Telefon

Auf die rechtliche Problematik haben wir Sie hingewiesen. Ein solches Gespräch können Sie nicht mit einem Small Talk einleiten. Manchmal ergibt sich am Ende eines gut verlaufenen Gespräches die Gelegenheit zu ein paar persönlichen Worten.

Das vorbereitete Gespräch mit bekannten Kunden am Telefon

Hier können Sie zu Beginn des Gespräches nur einige persönliche Sätze sagen, wenn Sie in einem vorangegangenen Gespräch dafür den Grundstein gelegt haben. Ist das nicht der Fall, versuchen Sie, das Gespräch mit einigen persönlichen Sätzen zu beenden. Wenn Sie nicht aus der gleichen Stadt sind, eignen sich hier Fragen zum Heimatort Ihres Kunden, nach kulturellen Ereignissen, die dort stattgefunden haben oder gemeinsamen Branchenereignissen, Messen, Kongressen oder ähnlichem.

Messen, Ausstellungen, Kongresse

Vermutlich treffen Sie auf unbekannte Interessenten, die Sie von Ihrem Angebot überzeugen möchten. Versuchen Sie auch hier, jedes Verkaufsgespräch mit ein paar persönlichen Worten auf der Beziehungsebene zu beenden.

10.8 Plötzlich und unerwartet: Gelegenheit für Ihren Elevator Pitch

Der Elevator Pitch ist eine sehr kurze Darstellung Ihrer Produkte und Dienstleistungen. Es heißt Elevator Pitch, weil man die Zeit einer Fahrt im Aufzug als Zeitvorgabe nimmt. Jeder, der in die Situation kommt, eine Ware oder Dienstleistung anzubieten oder sein Unternehmen bekannt zu machen, sollte ihn immer parat haben.

Eine Aufzugfahrt eignet sich allerdings nicht für ein Verkaufsgespräch. Denn im Aufzug sind Sie nicht ungestört und Sie müssen jederzeit damit rechnen, dass weitere Personen zusteigen. Aber ein Anschneiden des Themas und eine Vertagung, wenn Sie auf eine wichtige Person treffen, ist oft möglich (siehe Kapitel 5).

TIPP **Überlegen Sie, was Sie in der Zeitspanne einer Aufzugfahrt unbedingt vermitteln möchten, schreiben Sie es auf und lernen Sie es auswendig. Stecken Sie den Zettel in ihre Tasche oder schreiben Sie den Text als Notiz auf Ihr Handy.**

Auch wenn es Ihnen zunächst schwerfällt, diese wenigen Sätze überzeugend zu formulieren, wird Ihnen in den nächsten Tagen mit Sicherheit ein besserer Text einfallen. Wichtig ist, dass Sie überhaupt etwas aufschreiben, es muss noch kein Supertext sein. Es gibt sehr viele Gelegenheiten, eine solche Kurzdarstellung anzubringen, zum Beispiel, wenn Sie gefragt werden, was Sie beruflich machen, für welches Unternehmen Sie arbeiten, was Ihre beruflichen Interessen sind.

Richten Sie sich bei der Formulierung nach der AIDA-Formel. Dieses noch heute populäre in der Werbung angewandte Akronym geht auf den Werbestrategen Elmo Lewis (1872–1948) zurück.

AIDA steht für eine Werbestrategie in vier Schritten:

Attention (Aufmerksamkeit)
Interest (Interesse)
Desire (Verlangen)
Action (Handlung)

Sie können Ihren Elevator Pitch in dieser Reihenfolge aufbauen. Überlegen Sie einen ersten Satz, um zunächst Aufmerksamkeit und Interesse (Attention/Interest) zu wecken, der den Wunsch (Desire) nach mehr Information auslöst und Ihnen schließlich die Möglichkeit für eine Verabredung, zu einem Telefonat oder zu einer später nachgereichten Information gibt (Action).

Wenn der Vorschlag für einen weiteren Kontakt noch nicht angebracht ist oder noch zu aufdringlich wirkt, führen Sie das Gespräch auf die Beziehungsebene zurück und versuchen Sie, einen Aufhänger für einen späteren Kontakt anzubringen. Das kann ein Rat, eine Adresse, ein Rezept oder Ähnliches sein (siehe auch Gespräch Schubert/Greifenberg). Wenn Sie merken, dass Sie bei Ihrem Gesprächspartner auf Interesse stoßen, überreichen Sie Ihre Visitenkarte und verabreden Sie einen späteren Gesprächstermin oder Telefonanruf.

KOMPAKT Mit einem Small Talk rahmen Sie Verkaufs- und Fachgespräche ein. Am Ende einer Verhandlung führen Sie das Gespräch auf die Beziehungsebene zurück. Das ist besonders wichtig, wenn Sie Ihr Ziel noch nicht erreicht haben. Damit verschaffen Sie sich eine Möglichkeit, den Faden zu einem späteren Zeitpunkt wieder aufzunehmen oder ihren Gesprächspartner erneut zu kontaktieren, auch wenn er das Unternehmen gewechselt hat.

Small Talk
und Netzwerken

11

»Business ist nichts anderes als ein Knäuel menschlicher Beziehungen.«

Lee Lacocca (*1924), ehemaliger US-amerikanischer Manager

11.1 Sind Sie bereit für Ihr eigenes Netzwerk?

Nach unseren Ratschlägen im dritten Kapitel werden Sie inzwischen schon mit Menschen gesprochen haben, an denen Sie bisher achtlos vorüber gegangen sind. Mit Menschen aus Ihrer Nachbarschaft, mit Kollegen auf Fluren oder im Aufzug, an Ihrem Arbeitsplatz, in Geschäften und bei vielen anderen Gelegenheiten. Mit wachsender Erfahrung und Routine macht es Ihnen Spaß und es stärkt Ihr Selbstbewusstsein, Leute kennenzulernen und Neuigkeiten zu erfahren. Sie haben damit Ihren Bekanntenkreis erweitert und Ihren persönlichen Bekanntheitsgrad gesteigert. Warum das für Sie vorteilhaft sein kann, werden Sie in diesem Kapitel erfahren. Jetzt sind Sie bereit für den nächsten Schritt: Schaffen Sie sich Ihr berufliches Netzwerk.

In diesem Kapitel geht es in erster Linie nicht um virtuelle Netzwerke, die auch ihren Nutzen haben, sondern um Netzwerke mit Menschen, zu denen Sie persönliche Beziehungen pflegen wollen. Sie werden in diesem Kapitel mehr darüber erfahren, worin die Wirksamkeit persönlicher Netzwerke besteht, wie Sie Ihre vorhandenen Kontakte analysieren können und welche grundlegenden Netzwerkregeln zu beachten sind. Das hilft Ihnen, Klarheit darüber zu bekommen, welche Ziele Sie mit einem beruflichen Netzwerk erreichen wollen.

Sie verfügen bereits über ein soziales Netzwerk

Erfolgreiche Menschen sind fast immer begabte Netzwerker, die scheinbar mühelos persönliche Beziehungen herstellen, wann immer es dazu Gelegenheit gibt. Nicht selten beginnt das mit einem belanglos wirkenden Small Talk. Nahezu jeder Mensch verfügt bereits über ein soziales Netzwerk. Oft machen wir uns nicht bewusst, welche Kontaktchancen wir durch unsere Familie, durch Freunde, Bekannte und Kollegen haben und welches Potenzial darin steckt. Wir nehmen uns nicht die Zeit, interessante Begegnungen, die wir auf Seminaren, Messen oder beruflichen Veranstaltungen hatten, weiter zu pflegen, obwohl wir uns das oft vornehmen. Sie gehen einfach im alltäglichen Arbeitspensum unter.

11.2 Bekanntheit ist wichtig für eine Beförderung

In Karriereportalen, Büchern und Zeitschriften wird gern auf eine Studie zum Thema Karriere der Firma IBM verwiesen. Obwohl die Quelle dieser Studie trotz zahlreicher Recherchen nicht mehr auffindbar zu sein scheint, wie die Zitierenden berichten, soll sie hier auch nicht fehlen.

Demnach hat IBM in den Neunzigerjahren Unternehmen befragt, nach welchen Kriterien sie ihre Mitarbeiter rekrutieren und was bei der Entscheidung für eine bestimmte Person entscheidend war. Die Unternehmen hätten wie folgt geantwortet: Bei der Beförderung oder Einstellung von Führungskräften waren ausschlaggebend:

- 10 Prozent Qualifikation,
- 30 Prozent Image,
- 60 Prozent Bekanntheitsgrad.

Natürlich kann man entgegnen, die Qualifikation ist die Grundvoraussetzung, eine Tätigkeit überhaupt ausüben zu können beziehungsweise zu dürfen. Image setzt Bekanntheit voraus. Um sich ein Image zu verschaffen, müssen Sie zunächst bekannt werden.

Wie wichtig sind Beziehungen bei der Jobvergabe?

1973 stellte sich auch der US-Soziologe Mark Granovetter diese Frage. Granovetter konnte nachweisen, dass die Hälfte der von ihm befragten Personen ihren Arbeitsvertrag über persönliche Kontakte bekommen hat. Interessanterweise vor allem durch Kontakte über gemeinsame Bekannte. Man kennt jemanden, der jemanden kennt, der auch jemanden kennt. Er nannte das Phänomen ›The strength of weak ties‹, weil nach seiner Recherche schwache Bindungen (weak ties) dabei am effektivsten waren (Granovetter 1973: 1360–1380).

Die Entscheidung für ein bestimmtes Produkt oder eine Dienstleistung wird häufig nach gleichen Kriterien gefällt. In Zeiten schwindender Produktunterschiede sind oft auch bei der Vergabe von Aufträgen das Image und die Bekanntheit das Zünglein an der Waage. Image und Bekanntheit eines Produktes kann durch Werbung erreicht werden.

Im Jahr 2011 arbeiteten in Deutschland in der Werbung sowie der Markt- und Meinungsforschung rund 253.400 Personen und erwirtschafteten circa 22 Milliarden Euro (Statistisches Bundesamt 2014: 8). Wenn also Unternehmen über 20 Milliarden Euro für Werbung und somit für

Bekanntheit und Image ausgeben, dann dürfte eines auf der Hand liegen: Für Ihr persönliches Image und Ihre Bekanntheit müssen Sie selbst etwas tun. Falls Sie in der Vergangenheit noch kein intensiver Netzwerker waren, haben Sie nun mit den vorgestellten Small-Talk-Tools die Werkzeuge an der Hand, das zu ändern. So wie die Industrie in Werbung investiert und damit langfristig erfolgreich ist, so kommt auch im Small Talk der Erfolg nicht über Nacht. Das bedeutet, dass Sie jede Gelegenheit zum Üben nutzen sollten.

11.3 Das Kleine-Welt-Phänomen

In diesem Zusammenhang ist ein weiteres Experiment aus dem Jahr 1967 von Stanley Milgram interessant. Die Idee, dass alle Menschen auf der Welt durch eine überraschend kurze Kette von Bekanntschaftsbeziehungen miteinander verbunden sind, beschrieb 1929 der ungarische Autor Frigyes Karinthy in der Erzählung Láncszemek, die auf Deutsch unter dem Titel *Kettenglieder* erschien (Karinthy 1929).

Stanley Milgram, ein US-amerikanischer Psychologe, der durch sein ›Milgram-Experiment‹ bekannt wurde, mit dem er die Zusammenhänge von Gehorsam und Autoritäten untersuchte, wollte diese Hypothese wissenschaftlich belegen. 1967 startete er sein ›small world experiment‹, welches er in den folgenden Jahren mit immer größeren Teilnehmerzahlen und größeren Entfernungen zur Zieladresse wiederholte.

Dazu mussten die Teilnehmer in verschiedenen Erdteilen Pakete an eine bestimmte Person in Boston weiterleiten, allerdings nicht direkt, sondern immer an eine Person, die sie persönlich sehr gut kannten. Die jeweils nächste Zielperson sollte näher an der Endadresse sein. Um den Weg des Paketes dokumentieren zu können, wurde gleichzeitig eine Postkarte an Milgram gesandt. Tatsächlich hat eine ganze Reihe von Paketen die Zieladresse über durchschnittlich nur sechs bis sieben Stationen erreicht.

Auch hier haben inzwischen weitere Studien (Leskovec/Horvitz 2007) die These bestätigt, dass circa 78 Prozent aller Menschen über bis zu sieben Schritten mit jedem weiteren Menschen weltweit verbunden sind. Leskovec und Horvitz analysierten dazu die Verbindungen von 240 Millionen Instant-Messenger-Accounts. Die Protokolle umfassten 30 Milliarden Einzelverbindungen, vermutlich das größte je analysierte soziale Netzwerk.

Nun werden Sie nicht mit jedem Menschen weltweit in Beziehung treten wollen, aber auch Sie können über mehrere Beziehungsschritte wertvolle, sogenannte ›weak ties‹-Kontakte herstellen.

11.4 Analysieren Sie Ihr persönliches Netzwerk

Netzwerken kann man lernen. Es geht zunächst darum, die positiven Seiten eines ausgewogenen Systems aus Kompetenzen, Möglichkeiten und Verbindungen zu erkennen, Beziehungen zu pflegen und sich bei den richtigen Leuten ins Gespräch zu bringen. Small Talk ist das geeignete Mittel, ein zunächst unverbindliches Gespräch nach der BEN-Formel zu beginnen und wenn es die Gelegenheit erlaubt, das Gespräch auf die Sachebene überzuleiten, Interesse an weiterführenden Kontakten zu signalisieren oder einen weiteren Kontakt zu verabreden.

Nun sind Sie an der Reihe

Nehmen Sie ein leeres Blatt und zeichnen Sie sich eine Netzwerkspinne. In der Mitte steht Ihr Name. Schreiben Sie in den mittleren Kreis ›Ich‹. Nun füllen Sie wie in einem Spinnennetz eine nächste Reihe Knoten um Ihren Kreis aus. Schreiben Sie die Namen ihrer nächsten Angehörigen sowie Ihrer nächsten Freunde und die Namen Ihrer Kollegen und Bekannten an die Knotenpunkte des ersten Knotenkreises um Ihren Namen. Vergessen Sie nicht Vereine, Verbände und Institutionen, mit deren Mitgliedern Sie regelmäßigen Kontakt haben.

Füllen Sie nun die Knoten des zweiten Kreises um Ihren Namen. Jede Person aus dem ersten Knotenkreis hat wiederum ein eigenes Netzwerk. Einige Personen haben Sie vielleicht schon persönlich kennengelernt. Andere kennen Sie nur vom Hörensagen. Schreiben Sie an die Knoten des zweiten Kreises, welche Verbindungen die Personen der ersten Kreisreihe Ihres Wissens haben und was Sie über diese Personen wissen.

Beispiel: Ihr Freund Leo ist Systemingenieur und arbeitet für ein IT-Unternehmen. Seine Freundin ist Prokuristin in einem Versandhaus. Leos Vater ist Anwalt und besitzt mehrere Mietshäuser. Er ist im Vorstand eines Grundbesitzervereins.

In der ersten Reihe finden wir Leo, in der zweiten Reihe darüber das IT-Unternehmen, Leos Kollegen, von denen er erzählt hat, Leos Vater, den Grundbesitzerverein, Leos Freundin, das Versandhaus. Wie beim Mind-Mapping füllen Sie nun für jeden Namen des ersten Kreises im zweiten Kreis weitere, Ihnen bekannte Verbindungen dieser Personen auf. Je nach Kenntnisstand können Sie auf diese Weise noch Knotenpunkte einer dritten Kreisreihe anfügen.

Nun haben Sie ein genaues und oft auch erstaunliches Bild von dem Netzwerk über das Sie bereits verfügen! Überlegen Sie, welches Potenzial dieses Netzwerk für Ihre persönlichen Ziele anbietet und zu welchen Personen in der zweiten und dritten Reihe Sie einen direkten Kontakt wünschen. Das sind Ihre schon vorhandenen weak-ties, also Ihre Chancen, die darin bestehen, dass Sie jemanden kennen, der jemanden kennt, der auch jemanden kennt.

11.5 Build First, Monetize Later

Damit ein Netzwerktreffen für alle Teilnehmer positiv verläuft, sind wenige Punkte zu beachten. Denn manche Menschen fühlen sich nach einem solchem Networking unmoralisch, schuldig, ja sogar dreckig. Das ist das Ergebnis einer umfassenden Untersuchung, die die Universität von Toronto gemeinsam mit der Harvard Business School durchgeführt hat (Casciaro et al. 2014: 705–735).

Woher kommen diese negativen Gefühle? Die Personen fühlten sich unmoralisch, weil sie glaubten, sie hätten sich beim Netzwerken auf ihren persönlichen Vorteil konzentriert und dabei zwischenmenschliche Beziehungen ausgenutzt. Diese Teilnehmer hatten nicht realisiert, dass sie auch etwas zu geben haben. Interessant ist: Menschen mit mehr beruflichem Machtpotenzial hatten keine Probleme, fühlten sich moralischer, weil sie meinten, dass sie durch ihre Position anderen helfen konnten.

Auch für Sie besteht kein Grund, sich beim Netzwerken schlecht zu fühlen. Denn Ihre Netzwerkanalyse hat gezeigt, dass Sie über viele Verbindungen verfügen, die für andere nützlich sein könnten. Netzwerken bedeutet, bewusst und zielgerichtet ein Beziehungsgeflecht aufzubauen, von dem alle Partner profitieren.

Vernetzen heißt auch Verknüpfen. Im zweiten und dritten Schritt stellen Sie Verbindungen unter den einzelnen Mitgliedern Ihres Netzwerkes her. Kontakte, die Sie bisher bei Ihren Übungen wie im kleinen Gespräch beiläufig, zufällig, ohne Zeitaufwand gemacht haben, unterscheiden Sie nun durch eine gewollte Systematik. Das Ziel ist eine Win-win-Situation zu schaffen. In einem guten beruflichen Netzwerk öffnen die Akteure ihre eigenen Beziehungen für andere und versorgen sich gegenseitig mit Informationen und Empfehlungen.

11.6 Welches Ziel sollte Ihr Netzwerk haben?

Gewinnen Sie darüber zunächst Klarheit. Gibt es bereits ein Netzwerk, dem Sie beitreten können? Zum Beispiel ein Unternehmerverband, ein Frauennetzwerk wie das international vernetzte BPW (Business Professional Women), andere berufliche, branchenbezogene Interessenverbände? Oder schaffen Sie sich lieber ein eigenes Netzwerk? Soll das ein offizielles Netzwerk sein, wollen Sie die Mitglieder zu regelmäßigen Treffen einladen? Das ist mit viel Zeitaufwand verbunden, hat dafür den Vorteil, dass Sie selbst die Spinne in der Mitte des Netzwerkes sind. Und je zentraler Ihre eigene Position in einem Netzwerk ist, desto wichtiger sind Sie und desto mehr profitieren Sie von Ihren Verbindungen. Oder soll Ihr Netzwerk nur für Sie existieren, indem Sie regelmäßig und aktiv zu allen Personen Kontakt halten, ohne das direkt als offizielles Netzwerk zu bezeichnen? Wen möchten Sie in Ihrem Netzwerk haben und wie könnten Sie den ersten Kontakt herstellen?

Machen Sie sich zunächst eine Namensliste. Wer soll zu Ihrem persönlichen Netzwerk gehören? Was können Sie Ihren Netzwerkmitgliedern an Wissensaustausch oder Empfehlungen anbieten?

TIPP **Machen Sie eine Liste der Personen, die Sie in Ihrem Netzwerk haben wollen. Stecken Sie sich das Blatt in die Tasche, es wird Ihnen in den nächsten Tagen dazu noch so mancher einfallen.**

- Name
- Beruf oder Firma
- Mein Interesse
- Vorleistung
- Wo/Wie Kontakt aufnehmen?

Wenn Sie wissen, wo Sie Ihren neuen Netzwerkpartner treffen, stellen Sie einen Kontakt nach der Formel BEN her (siehe Kapitel 5 und 7). Ist der erste Kontakt geschafft, vertiefen Sie die Verbindung. Je mehr Sie über die andere Person und über ihre Bedürfnisse und Interessen wissen, desto einfacher ist es, einen Aufhänger für einen erneuten Kontakt zu finden. Ein guter Aufhänger kann eine Information oder ein Kontakt sein, den Sie einem Ihrer anderen Netzwerkpartner anbieten.

	Zwölf Tipps für eine bewusste Gestaltung des eigenen Netzwerkes
1	Werden Sie sich über Ihr vorhandenes Netzwerk bewusst (Netzwerkspinne).
2	Setzen Sie sich Ziele, wer zu Ihrem Netzwerk gehören soll (Ihre Liste).
3	Bereiten Sie sich vor: Wie, wann und wo könnten Sie die ersten Kontakte herstellen? Kann Ihnen jemand helfen, vielleicht aus Ihrer Netzwerkspinne? Was könnten Sie sagen? Beginnen Sie das Gespräch mit einem Small Talk nach der Formel BEN. Was wissen Sie über diese Personen? Verfügen sie über gemeinsame Interessen oder andere Gemeinsamkeiten?
4	Seien Sie ehrlich und natürlich.
5	Zeigen Sie Interesse und hören Sie zu.
6	Nehmen Sie Ihre Visitenkarten mit. Wenn Sie eine Visitenkarte erhalten, stecken Sie sie nicht ungesehen in die Tasche, sondern widmen Sie ihr einen Augenblick Aufmerksamkeit (Kapitel 6).
7	Machen Sie sich nach einem Kontakt kurze Notizen. In einer Woche wissen Sie vielleicht nicht mehr, wer was gesagt hat, wem Sie eine Information versprochen haben, oder wer Sie noch mal anrufen wollte. Dort können Sie nach angemessener Zeit nachfassen, falls der Anruf nicht erfolgt ist.
8	Schaffen Sie während des Gesprächs Möglichkeiten, Kontakte wieder aufzunehmen, um Informationen nachzureichen. Das kann eine Adresse sein, ein Link zu einer interessanten Webseite, ein Buchtitel, oder eine Nachfrage bei einer Ihnen bekannten Person.
9	Halten Sie Zusagen unbedingt ein. Wenn Sie einen Rückruf versprochen haben, sollten Sie ihn kurzfristig – innerhalb einer Woche – auch unbedingt machen.
10	Pflegen Sie die neuen Bekanntschaften, Sie wissen nicht, wann Sie sie brauchen! Machen Sie im Kalender eine Notiz, wann Sie spätestens Kontakt aufnehmen und überlegen Sie sich dafür einen Aufhänger.
11	Öffnen Sie Ihre Kontakte und bringen Sie Menschen zusammen, die sich füreinander interessieren könnten.
12	Ein Netzwerk ist keine Verkaufsveranstaltung. Es geht allein darum, Beziehungen zu pflegen, Informationen, Ratschläge oder Empfehlungen auszutauschen.

Netzwerktreffen haben nicht immer den gewünschten Effekt, wenn die Veranstaltung schlecht organisiert ist. Nur wenn das Treffen bewusst moderiert wird und das Programm das Kennenlernen anderer Gäste erleichtert, ist es wirklich für alle Anwesenden gewinnbringend.

11.7 So gestalten Sie einen gelungen Netzwerkabend

Was können Sie tun, um von einem Netzwerkabend zu profitieren, hinterher zufrieden zu sein, weil Sie den Abend als gelungen beurteilen können? Laden Sie doch selbst zum Netzwerkabend ein!

Laden Sie circa zwanzig bis dreißig Personen ein

Für den ersten Versuch können das auch Menschen aus Ihrem privaten Umfeld sein, zum Beispiel aus den ersten drei Reihen Ihrer Netzwerkspinne, die sich allerdings untereinander nicht kennen sollten. Sagen Sie Ihren Gästen, worum es geht: Neue Menschen kennenzulernen, Kontakte zu machen, zu schauen, ob es interessante berufliche Synergien gibt.

Wählen Sie einen Veranstaltungsort mit flexiblen Sitzmöglichkeiten

Der Raum sollte es zulassen, dass Sie Tische und Stühle flexibel umstellen können, nehmen Sie ein Flip Chart mit.

Begrüßen Sie zu Beginn der Veranstaltung die Eintreffenden persönlich mit Namen und ein paar netten Sätzen. Optimal ist, wenn Sie zu zweit die Organisation machen, dann haben Sie dafür Zeit.

Moderieren Sie die Veranstaltung wie folgt:

Sobald alle Teilnehmer eingetroffen sind, halten Sie eine kurze Begrüßungsansprache und nennen Sie noch einmal den Zweck des Treffens:

»Wir möchten heute mit Ihnen unseren ersten Netzwerkabend gestalten und Impulse setzen über den heutigen Tag hinaus, für Sie selbst, aber auch für Ihr Netzwerk, damit wir nicht nur mit neuen Kontakten, sondern auch mit neuen Gedanken, Erkenntnissen und Absichten den Abend beschließen.

Voraussetzung sind gegenseitige Vertrauensbildung und die Bereitschaft, sich selbst aktiv einzubringen. Darum bitten wir, uns heute mit Offenheit zu begegnen und alle Aussagen der Teilnehmer vertraulich zu behandeln. Offenheit bedeutet nicht, dass Sie Dinge oder Kontakte preisgeben, die Sie nicht öffentlich machen wollen. Bevor es nun in die erste Runde geht, schreiben Sie bitte ein paar Erwartungen in kurzen Stichworten auf die vor Ihnen liegende Karte.«

Vorbereitete Karten liegen auf jedem Platz, werden anschließend eingesammelt.

Runde 1

Bitten Sie nun die Gäste, ihre Netzwerkspinne zu zeichnen, machen Sie es am Flip Chart vor.

Runde 2

Nun sollen sich Zweiergruppen bilden. Jeder Teilnehmer hat die Aufgabe, in wenigen Minuten einer anderen Person seine Netzwerkspinne zu erläutern. Erwähnen Sie, was Sie an ihren Kontakten für besonders wichtig halten. Anschließend wird ein kurzes Resümee gehalten, ob sich daraus für beide eine interessante Kontaktvermittlung ergeben könnte. Bitten Sie nun, mit Handzeichen auf folgende Frage zu antworten:

»Wer würde diese Runde zwar als interessant bezeichnen, kann aber mit den Kontakten des Gegenübers wenig anfangen?«
»Wer könnte die Kontakte des anderen direkt nutzen?«
»Wer wusste nicht so recht, was er eigentlich vermitteln will?«

Runde 3

»Rücken Sie einen Platz weiter und versuchen Sie es noch einmal. Bringen Sie diesmal auch Ihre persönlichen Interessen und Hobbys ein. Versuchen Sie, Gemeinsamkeiten zu finden und erinnern Sie sich dabei auch an die Netzwerkspinne des ersten Partners aus der zweiten Runde. Drücken Sie sich klar aus und sagen Sie, was Sie suchen.«

Runde 4

»Nun bilden Sie Gruppen aus vier Personen und erzählen Sie sich, was Sie an interessanten Kontakten aus den ersten drei Runden erfahren haben.«

Runde 5 und Fazit

Aus jeder Vierergruppe kommt ein Moderator ans Flipchart und schreibt die wichtigsten Kontakte der Gruppe auf. Daraus soll sich eine große Netzwerkspinne entwickeln und den Teilnehmern zeigen, über welche mannigfachen Verbindungen die Anwesenden verfügen. Nach dem Austausch von Visitenkarten werden die anfänglich auf Karten geschriebenen Erwartungen vorgelesen und darüber diskutiert, ob und wie diese Erwartungen erfüllt wurden.

In einem Netzwerk kommt es darauf an, ein breites Informations- und Erfahrungspotenzial zu erschließen, das bei Bedarf zur Verfügung steht. Das setzt die Bereitschaft voraus, eigene Kontakte für andere zu öffnen. Gehen Sie mit klar gefassten Zielen an Ihr eigenes Netzwerk heran und nutzen Sie den Small Talk für erste Kontaktaufnahmen. Achten Sie darauf, dass Sie diese Gespräche auf der Beziehungsebene nicht vernachlässigen, Sie schaffen damit tiefere, persönliche Verbindungen.

KOMPAKT

Ein wenig Business-Knigge kann nicht schaden

12

»Gutes Benehmen ist die Kunst, Menschen den Umgang mit uns angenehm zu machen.«

Jonathan Swift (1667–1745), irischer Schriftsteller und Satiriker

12.1 Gute Umgangsformen sind die Basis für neue Kontakte

Small Talk soll für Sie keine lästige Übung sein, nur wenn Sie gerne auf Menschen zugehen, werden Sie dabei erfolgreich sein. Je öfter Sie merken, dass Small Talk Sie und Ihren Gesprächspartner glücklich macht, desto erfolgreicher werden Sie neue Beziehungen knüpfen. Dazu gehört, dass Sie sich selbstsicher, angemessen, kultiviert und rücksichtsvoll verhalten und die zeitgemäßen Umgangsformen sicher beherrschen.

Gute Umgangsformen folgen keinen starren, für die Ewigkeit festgelegten Regeln, wie die zehn Gebote. Es sind Empfehlungen, die beispielsweise der Arbeitskreis Umgangsformen International (AUI) herausgibt. Diese Empfehlungen werden regelmäßig unseren sich verändernden Lebens- und Arbeitsbedingungen angepasst.

Umgangsformen legen fest, wie wir uns gegenüber anderen Menschen verhalten. Rücksichtnahme und Wertschätzung sind dabei oberstes Gebot. Wir wollen hier nicht die Tischregeln besprechen, sondern die Themen, die im Gespräch oder beim Zusammentreffen mit anderen Menschen beachtet werden müssen.

Als Unternehmer, Führungskraft oder Mitarbeiter eines Unternehmens hinterlassen Sie bei jeder Begegnung im Unternehmen und jedem Außenkontakt nicht nur einen persönlichen Eindruck, sondern prägen mit Ihrem Verhalten auch das Image Ihres Unternehmens. Darum legen Firmen und Institutionen wieder verstärkt großen Wert auf zeitgemäße, korrekte Umgangsformen. Gutes Benehmen hilft auch, sich selbstsicher in schwierigen Situationen zu verhalten.

Was sind nun die wichtigsten aktuellen Umgangsformen für das Kommunikationsverhalten im Geschäftsleben in Deutschland? Einige sind Ihnen schon in den vorangegangenen Kapiteln begegnet. Der Vollständigkeit halber sind sie hier noch einmal zusammengefasst.

Dazu gehören Begrüßung, sich selbst oder andere vorstellen, Restaurantbesuch mit Geschäftspartnern, Verhalten als Gastgeber.

12.2 Im Geschäftsleben gelten andere Regeln

Bei allen Begegnungen hat die Rangreihenfolge der beteiligten Personen eine Schlüsselfunktion. Anders als im Privatleben, wo Ältere stets höherrangiger sind als Jüngere und die Dame im Rang vor dem Herrn steht, ist im Geschäftsleben die Firmenhierarchie für die Rangfolge entscheidend. Höher im Rang als der Chef ist nur der auswärtige Gast. Auch der jüngere Chef oder Abteilungsleiter hat den höchsten Rang vor den untergebenen Angestellten und darf zum Beispiel vor der älteren Mitarbeiterin den Aufzug betreten.

Ebenso verhält es sich bei der Begrüßung und Vorstellung. Der Ranghöchste wird zuerst begrüßt und er entscheidet auch, ob er die Hand geben will. Die Rolle der Dame entfällt, das bedeutet, sie wird selbstverständlich aufstehen, um einen Herrn zu begrüßen und sie geht im Restaurant voran, wenn sie zum Geschäftsessen eingeladen hat. Die Regel hier lautet: Wer zahlt, führt. Bei gleicher Hierarchie gilt auch im Geschäftsleben die Rangfolge wie im privaten Bereich.

12.3 Grüßen, Begrüßen, Vorstellen und Bekanntmachen

Unter Gruß und Grüßen wird allgemein ein Kontakt ohne anschließendes Gespräch verstanden. Das kann ein Nicken oder ›Hallo‹ im Vorübergehen sein, ein Gruß an nicht anwesende Personen *»Grüßen Sie bitte Frau Leitner, ich melde mich nächste Woche«* oder auch eine Grußformel unter einer schriftlichen Mitteilung.

Beim Small Talk werden Sie begrüßen oder begrüßt werden.

Bei der Begrüßung schließt sich nach der Grußformel (Guten Tag) die Vorstellung (Name) an und ein Small Talk. Nennen Sie deutlich ihren Namen und geben Sie noch eine kurze Information, zum Beispiel den Namen Ihres Unternehmens und Ihre Funktion oder welchen Bezug Sie zur Veranstaltung oder Einladung haben.

»Guten Tag, mein Name ist Kai Höhne, ich bin Softwareingenieur. Wir machen Softwarelösungen für Verkehrssysteme, daher kenne ich den Gastgeber.«

Heute ist es nicht mehr üblich, sich mit Frau oder Herr vor dem Namen selbst vorzustellen, lassen Sie bitte die Bezeichnung Frau oder Herr sowie akademische Titel weg.

Wer begrüßt nun wen zuerst?

Begrüßt wird stets nach Rangfolge. Derjenige, der nach allgemeinen Benimmregeln im Rang niedriger steht, begrüßt den Ranghöheren zuerst. Der Angestellte begrüßt den Chef, die ältere Mitarbeiterin den Abteilungsleiter. Ausnahmen: Wer einen Raum betritt oder zu einer Gruppe hinzukommt, grüßt zuerst. Wenn ein Angestellter und sein Chef sich auf der Straße begegnen, grüßt der zuerst, der den anderen zuerst sieht.

Der höherrangigen Person ist es vorbehalten, die Hand zum Gruß zu reichen oder nicht. Es gilt allerdings als unhöflich, eine ausgestreckte Hand nicht zu ergreifen. In diesem Fall sollte man als höherrangige Person den Fauxpas übergehen.

Vorstellen und Bekanntmachen

»Darf ich vorstellen?« oder *»Darf ich bekannt machen?«* Was ist der Unterschied?

Zwei gleichrangige Personen machen Sie miteinander bekannt, Sie stellen einer höherrangigen Person jemanden vor. Derjenige, der den höchsten Rang hat, darf als erster wissen, mit wem er es zu tun hat, ihm wird der im Rang tiefer stehende vorgestellt.

Selbstverständlich dürfen Sie sich auch selbst vorstellen, wenn Sie Kontakt aufnehmen wollen.

12.4 Wie fit sind Sie für den Auftritt auf geschäftlichem Parkett?

Hier können Sie sich testen

Frage 1: Gibt es unterschiedliche Benimmregeln für das Privatleben und für das Geschäftsleben?

A	Ja
B	Nein

Frage 2: Wenn Sie mit ›Ja‹ geantwortet haben, welche Unterschiede sind das?

Frage 3: Wobei werden diese Unterschiede berücksichtigt? Schildern Sie drei Beispielsituationen.

Frage 4: Auf dem Flur treffen Sie Ihren Chef und eine ältere Mitarbeiterin aus einer anderen Abteilung, die Sie gut kennen. Wen begrüßen Sie zuerst?

A	Den Chef.
B	Die Mitarbeiterin.

Frage 5: Wer reicht wem in dieser Konstellation zuerst die Hand?

A	Der Chef reicht Ihnen die Hand.
B	Sie reichen der Mitarbeiterin und dann dem Chef die Hand.
C	Sie reichen dem Chef und dann der Mitarbeiterin die Hand.
D	Die Mitarbeiterin reicht Ihnen die Hand.

Frage 6: Wer wird wem zuerst vorgestellt?

A	Der Ranghöhere wird dem Rangniederen zuerst vorgestellt.
B	Der Rangniedere wird dem Ranghöheren zuerst vorgestellt.

Frage 7: Ein Kunde ist in Ihrem Unternehmen zu Gast. Auf dem Flur begegnet Ihnen Ihre Abteilungsleiterin. Wen stellen Sie zuerst vor?

A	Ich stelle dem Gast meine Abteilungsleiterin vor und dann der Abteilungsleiterin den Gast.
B	Ich stelle meiner Abteilungsleiterin den Gast vor und dann dem Gast meine Abteilungsleiterin.

Frage 8: Sie sind Chefin und besuchen zusammen mit Ihrem Mitarbeiter einen wichtigen Kunden. Ihr Kunde kennt Sie schon länger und will ausgiebig über Ihr gemeinsames Hobby Segeln reden. Davon hat Ihr Assistent allerdings keine Ahnung. Was tun Sie?

A	Sie freuen sich, dass Sie so einen guten persönlichen Draht zum Kunden haben und Neues aus der Segler-Szene erfahren. Ihr Assistent muss zuhören, schließlich ist der Kunde wichtiger und der Kundenbesuch findet in der Arbeitszeit Ihres Mitarbeiters statt.
B	Sie gehen nur kurz auf das Segel-Thema ein und wechseln dann auf ein allgemeineres Thema über.

Frage 9: Sie haben Ihren Kunden und seinen Mitarbeiter zum Geschäftsessen eingeladen und nehmen für alle drei zusammen ein Taxi. Wer sitzt wo?

A	Der Mitarbeiter sitzt vorn, Sie sitzen hinter dem Fahrer und der Kunde rechts neben Ihnen.
B	Sie sitzen vorn, denn Sie zahlen.
C	Der Kunde sitzt vorn, Sie sitzen hinter ihm und der Mitarbeiter links neben Ihnen.

Frage 10: Sie erhalten eine Einladung, die Uhrzeit ist mit ›ab 19 Uhr‹ angegeben. Wann erscheinen Sie?

A	Ich bin immer pünktlich und komme um 19 Uhr.
B	Bei einer persönlichen Veranstaltung im kleineren Kreis komme ich innerhalb der ersten halbe Stunde, aber nicht direkt um 19 Uhr.
C	Bei einer größeren Veranstaltung erscheine ich innerhalb der ersten 60 Minuten.

Auflösung des Knigge-Tests

Frage 1	Es gibt Unterschiede in den Verhaltensregeln zwischen dem Privatleben und dem Geschäftsleben? Richtig ist Antwort A – Ja, es gibt Unterschiede.
Frage 2	Wenn Sie diese Frage richtig mit A beantwortet haben, welche Unterschiede sind das? • Im Geschäftsleben bestimmt ausschließlich die hierarchische Stufe die Rangfolge. • Höherrangig ist nur der auswärtige Gast. • Im Privatleben sind dagegen Damen stets höherrangig als Herren. • Ältere sind ranghöher als Jüngere. • Fremde haben einen höheren Rang als die eigenen Verwandten. • Ausländer sind stets ranghöher als Inländer.
Frage 3	Diese Unterschiede kommen zum Beispiel in folgenden Situationen vor: Bei der Begrüßung, beim Hand reichen, bei der Vorstellung, im Restaurant beim Geschäftsessen.
Frage 4	Auf dem Flur treffen Sie Ihren Chef und eine ältere Mitarbeiterin aus einer anderen Abteilung, die Sie gut kennen. Wen begrüßen Sie zuerst? Antwort A ist richtig. Sie begrüßen den Ranghöheren zuerst, in diesem Falle Ihren Chef.
Frage 5	Wer reicht wem in dieser Konstellation zuerst die Hand? Antwort A ist richtig. Der Ranghöhere entscheidet stets, ob er die Hand reichen will oder nicht. In vielen Unternehmen ist inzwischen auch eine Begrüßung ohne Händeschütteln üblich.

Frage 6	Wer wird wem zuerst vorgestellt?
	Antwort B ist richtig. Dem Ranghöheren wird stets der Rangniedere zuerst vorgestellt.
Frage 7	Ein Mitarbeiter eines anderen Unternehmens (Kunde) ist in ihrem Unternehmen Ihr Gast. Auf dem Flur begegnet Ihnen Ihre Abteilungsleiterin. Wen stellen Sie zuerst vor?
	Antwort A ist richtig. Auch im Geschäftsleben ist der auswärtige Gast stets höherrangig. Sie stellen daher Ihrem Kunden die Chefin vor.
Frage 8	Sie sind Chefin und besuchen zusammen mit Ihrem Mitarbeiter einen wichtigen Kunden. Ihr Kunde kennt Sie schon länger und will ausgiebig über Ihr gemeinsames Hobby Segeln reden. Davon hat Ihr Assistent allerdings keine Ahnung. Was tun Sie?
	Antwort B ist richtig. Sie gehen nur kurz auf das Hobby Segeln ein und wechseln dann auf ein allgemeineres Thema über.
Frage 9	Sie haben Ihren Kunden und seinen Mitarbeiter zum Geschäftsessen eingeladen und nehmen für alle drei zusammen ein Taxi. Wer sitzt wo?
	Antwort A ist richtig. Der Mitarbeiter sitzt vorn, Sie sitzen hinter dem Fahrer und der Kunde rechts neben Ihnen.
Frage 10	Sie erhalten eine Einladung, die Uhrzeit ist mit ›ab 19 Uhr‹ angegeben. Wann erscheinen Sie?
	Antworten B und C sind richtig.
	B: Bei einer persönlichen Veranstaltung im kleineren Kreis komme ich innerhalb der ersten halbe Stunde, aber nicht direkt um 19 Uhr.
	C: Bei einer größeren Veranstaltung erscheine ich innerhalb der ersten 60 Minuten.

Haben Sie unseren kleinen Test bestanden?

Als Adolph Freiherr Knigge 1788 sein Buch *Über den Umgang mit Menschen* schrieb, war es sein Anliegen, darzulegen, dass Respekt, Toleranz und Rücksichtnahme die Grundlage für das menschliche Miteinander bilden. Es war nicht seine Absicht, vorzuschreiben, wohin man bei Tisch die benutzte Serviette legt und wie die Gläser zu halten sind. Inzwischen ist genau festgelegt, was Sie mit einer benutzten Serviette machen sollen. Wenn Sie bei unserem kleinen Test festgestellt haben, dass Sie in punkto Umgangsformen im Beruf Nachholbedarf haben, empfehlen wir, Ihre Fähigkeiten durch ein Seminar oder zeitgemäße Literatur auszubauen.

KOMPAKT Taktvolles und stilsicheres Verhalten sind für nachhaltigen Erfolg im Beruf wichtig, um Verbindungen zu knüpfen. Sie können helfen, schwierige Situationen zu bewältigen. Wenn Sie sich in jeder Situation taktvoll benehmen können, verleiht Ihnen das eine natürliche Autorität.

Small Talk
für Gastgeber

13

»Jemanden einzuladen heißt, sich um seine Fröhlichkeit zu kümmern, und das jedes Mal, wenn er unter deinem Dach ist.«

Jean Anthelme Brillat-Savarin (1755–1826),
französischer Schriftsteller, Jurist und Gastronom

13.1 Die Aufgaben eines Gastgebers

Die höchste Anforderung an Ihre Kommunikationskompetenz und an Ihren aktiven Einsatz ist in der obersten Ebene des Small-Talk-Konzepts gefordert. Diese Ebene bezeichnen wir als Gastgebergespräch. Hier sind Sie nicht Gast oder Teilnehmer einer Veranstaltung, sondern Sie oder Ihr Unternehmen sind Gastgeber. Anlässe können Firmenjubiläen sein, Produktpräsentationen, Einladungen anlässlich von Messen und Kongressen, Empfänge, Sommerfeste, Verbandsveranstaltungen, also sämtliche Events, zu denen Ihr Unternehmen oder Ihre Institution auswärtige Gäste einlädt.

Was würden Sie als die wichtigste Aufgabe eines Gastgebers im kommunikativen Sinne bezeichnen?

Haben Sie notiert, die wichtigste kommunikative Aufgabe eines Gastgebers ist es, alle Gäste persönlich begrüßt und mit jedem ein kurzes Gespräch geführt zu haben? Das ist tatsächlich die Antwort, die wir am häufigsten erhalten.

Nun versetzen Sie sich in die Situation Ihrer Gäste. Was glauben Sie, mit welchen Erwartungen kommen sie?

Überlegen Sie einen kurzen Moment: Was wünschen Sie sich ganz persönlich, wie sollte Ihre Veranstaltung verlaufen, damit Sie hinterher ein gutes Gefühl haben?

Auflösung

Wahrscheinlich haben Sie ein gutes Gefühl, wenn Ihre Gäste sich angeregt miteinander unterhalten haben, keiner gelangweilt wirkte oder allein herumstand und wenn Sie selbst entspannt den Anlass genießen konnten.

Ihre Gäste wollen mit ihrem Erscheinen Verbundenheit mit Ihnen, Ihrem Unternehmen und oft auch dem eigenen beruflichen Umfeld demonstrieren. Sie kommen mit der Erwartung, interessante Gespräche zu führen und Kontakte innerhalb ihres beruflichen Umfeldes oder Ihrer Branche zu festigen.

Wenn Ihr Gast sich nur mit Ihnen unterhalten möchte, könnte er ein persönliches Treffen mit Ihnen vereinbaren. Daher ist es nicht die wichtigste Aufgabe eines Gastgebers, mit jedem Gast ein paar Worte zu wechseln, sondern die Gäste miteinander ins Gespräch zu bringen.

13.2 Nicht nur das Buffet muss gut vorbereitet sein

Häufig beschränken sich die Vorbereitungen auf die Bereitstellung der kulinarischen Höhepunkte, des Rahmenprogramms und der Räumlichkeiten. Das gilt übrigens auch für Feste im privaten Rahmen. Der eigentliche Zweck der Veranstaltung, Menschen miteinander ins Gespräch zu bringen und Kontakte untereinander zu fördern, bleibt in der Vorbereitung häufig auf der Strecke. Das kann bei größeren Veranstaltungen dazu führen, dass sich die Gäste nicht wohlfühlen und die Veranstaltung vorzeitig verlassen, weil

- sie Menschen, die sie gern kennenlernen würden, nicht erkennen, obwohl sie mit Ihnen vielleicht schon des Öfteren telefoniert haben,
- sich vertraute Grüppchen gebildet haben, die sich über Interna austauschen, bei denen sie nicht mitreden können,
- Ihre Mitarbeiter und Kollegen zusammen stehen und sich miteinander unterhalten, anstatt sich um die Gäste zu kümmern.

Gastgeber ist nicht nur der Unternehmer, sondern auch jeder Mitarbeiter des einladenden Unternehmens oder der Institution. Bereiten Sie alle Mitarbeiter darauf vor.

Es ist die wichtigste Aufgabe eines Gastgebers, Verbindungen zwischen den Gästen herzustellen. Wenn sich die Gäste miteinander unterhalten und interessante neue Kontakte entstehen, ist eine Veranstaltung gelungen.

KOMPAKT

DAS GASTGEBERGESPRÄCH

Gastgeber: Unternehmer und Mitarbeiter

Funktion: Die Gäste miteinander ins Gespräch bringen

Verbindungen zwischen Gesprächspartnern herstellen

Zusammengehörigkeit demonstrieren

Kontakte pflegen

Abbildung 7: Die obere Ebene – Das Gastgebergespräch

13.3 So bereiten Sie eine Veranstaltung mit vielen Gästen vor

Hier stellen wir Ihnen eine typische Situation vor, die so auch in ähnlicher Konstellation häufig stattfindet.

Ein Unternehmerverband lädt zur jährlichen Mitgliederversammlung mit Fachvorträgen und anschließendem Fest ein. Der Geschäftsführer Dr. Seibt und sämtliche Mitarbeiter der Verbandsgeschäftsstelle organisieren die Veranstaltung und werden daran teilnehmen. Die Vorfreude darauf hält sich bei den Beteiligten in Grenzen, denn bei vorangegangenen Veranstaltungen haben sie folgende Erfahrungen gemacht:

Der **Geschäftsführer Dr. Seibt** befürchtet, dass ihn wieder dieselben Gesprächspartner wie in den letzten Jahren in Beschlag nehmen. Dabei möchte er eigentlich andere interessante Kontakte machen und auch mit den neuen Mitgliedern sprechen. Er ärgert sich, dass die eigenen Mitarbeiter der Geschäftsstelle immer aneinander kleben und sich über private Dinge unterhalten.

Die **Sekretärin Assmann** befürchtet, dass sie die Erwartungen der neuen Mitglieder, den Geschäftsführer persönlich kennen zu lernen, nicht erfüllen kann, weil er wieder von den gleichen Personen wie im letzten Jahr in Anspruch genommen wird. Darum fühlt sie sich verpflichtet, zwei neue Mitglieder, die sich noch verloren fühlen, den ganzen Abend zu betreuen.

Der **Buchhalter Oesterreich** und die **Webmasterin Fiedler** befürchten, auf Fachthemen angesprochen zu werden und fühlen sich deplatziert. Darum halten sie sich im Hintergrund und sind dankbar, dass sie sich während des Abends miteinander unterhalten können.

Die beiden **Fachreferenten Boldt** und **Heinzmann** befürchten, dass sie banale Gespräche auf der Small-Talk-Ebene führen müssen und nicht wissen, über welche Themen sie mit ihnen unbekannten Personen reden sollen.

13.4 Wie erleichtern Sie es Ihren Gästen, sich kennen zu lernen?

Tatsächlich kann so eine Veranstaltung auch Spaß machen. Alle Befürchtungen lassen sich durch gute Vorbereitung zerstreuen. Widmen Sie dem kommunikativen Aspekt die gleiche Aufmerksamkeit und Vorbereitung wie der Bereitstellung von Nahrung, Räumlichkeit und Rahmenprogramm.

In diesem Beispiel handelt es sich um eine Veranstaltung mit ungefähr hundert von auswärts angereisten Mitgliedern. Ziel des Jahrestreffens des Verbandes ist es, die Belange der Branche voranzubringen. Eine Liste mit Namen und Angaben zum Unternehmen/Institution der zu erwartenden Gäste liegt rechtzeitig vor dem Veranstaltungstermin vor. Wir empfehlen, die Liste durch weitere Punkte zu ergänzen, beispielsweise: Informationen zu dem, was der Gast von der Veranstaltung erwartet, was bekannte Interessen, Hobbys sind, ob er als VIP zu betrachten ist, und was Ihnen sonst noch wichtig ist. Ein Beispiel sehen

Sie weiter unten (Abbildung 8). Die Liste wird in der Geschäftsstelle in den Umlauf gegeben, jeder Mitarbeiter ergänzt die Angaben mit seinen Kenntnissen.

Name des Gastes	Unternehmen	VIP	Wer kennt ihn persönlich?	Interessen und Hobbys	Was erwartet er von der Veranstaltung?	Sonstiges
Wilfries Krämer	Brandauer AG	ja	Dr. Seibt, Fr. Assmann	Golf, 3 Kinder, Hund	Dr. Seibt sprechen, Fr. Huber	
Hannelore Huber	Abgeordnete	ja	Dr. Seibt, Hr. Krämer	?	Vortrag halten, guten Eindruck machen.	
Prof. Leitner	Universität	ja	keiner	?	Vortrag, Unternehmen für Forschungsaufträge.	
Gerhard Schmidt	Herrendorf GmbH	nein	keiner		Vermutlich Kontakte zu neuen Kunden.	Neu im Verband.
Karin Schiller	Security Service	nein	keiner		Vermutlich Kontakte zu neuen Kunden.	Hat neues System für Branche entwickelt.
Dr. Maybach	Maybach & Co.	ja	Dr. Seibt, Fr. Assmann	Autos, erzählt gerne Witze	Dr. Seibt und Fr. Huber sprechen. Infos aus der Branche.	Vorstandsmitglied
Guido Haufe	Soft Solution	nein	keiner	hat kürzlich mit Fr. Fiedler telefoniert	Vermutlich Software für Branche anbieten.	
Dr. Franke	Franke Sicherheitstechnik	ja	alle	Segeln, 2 Kinder, Hund	Mit VIPs sprechen.	Vorstandsmitglied
Arno Michaelis	Präsenta International	ja	alle	Witze erzählen, Motorsport	Fr. Huber wegen Gesetzesentwurf befragen.	Probleme mit Brandauer AG gehabt.

Abbildung 8: Checkliste Event

Sie werden nicht für alle Gäste sämtliche Spalten ausfüllen können, aber dennoch haben Sie zu vielen und insbesondere zu den wichtigen Personen ausführliche Informationen gebündelt vorliegen.

Zwei Tage vor der Veranstaltung

Meeting mit allen Mitarbeitern:

Die genaue Vorgehensweise wird besprochen und jeder Mitarbeiter bekommt feste Aufgaben. Es werden Namensschilder für alle Anwesenden angefertigt, das erleichtert es den Gästen, sich gegenseitig zu erkennen, wenn sie bisher nur telefonisch oder schriftlich miteinander Kontakt hatten. Die Namensschilder der Gäste unterscheiden sich farblich deutlich von denen der Mitarbeiter der Geschäftsstelle, so dass jeder Gast die Geschäftsstellenmitarbeiter sofort erkennt und Gäste sich bei Fragen direkt an die Mitarbeiter wenden können. Es erleichtert auch den Mitarbeitern, Kontakt zu allein stehenden Personen oder Gruppen aufzunehmen, ohne sich selbst dabei deplatziert zu fühlen.

Der Geschäftsführer legt fest, welchen Gast er an diesem Tag sprechen möchte. Die Mitarbeiter sollen darauf achten, dass kein Gast allein bleibt und sollen verloren wirkende Gäste umgehend ansprechen und nach Möglichkeit an andere Gäste weiter vermitteln. Es wird über die vermuteten Wünsche der Gäste nach Kontakten mit anderen Anwesenden gesprochen und überlegt, wie diese ermöglicht werden können.

Die Techniken, die die Mitarbeiter anwenden, sind in den vorangegangenen Kapiteln beschrieben. Sie gehen auf Einzelpersonen zu, sprechen sie mit der BEN-Formel an oder gehen nach der ZEN-Formel vor, wenn Sie auf Gruppen zugehen. Ebenso können die Mitarbeiter wie in Kapitel 9 beschrieben, Gespräche beenden und sich somit aus Gruppen zurückziehen, um ihre Gastgeberfunktionen wahrzunehmen und weitere Gäste anzusprechen.

In der Rolle eines Gastgebers ist es einfacher, sich zu jeder Gruppe dazu zugesellen oder einzelne Personen anzusprechen, weil man zum Team gehört. Gäste nehmen das gern in Anspruch. Die Funktion im Unternehmen ist auf dem Namensschild erkennbar, das ist auch ein erstes Einstiegsthema für einen Small Talk und es wird nicht erwartet, dass ein Buchhalter tiefe Kenntnisse in das Fachgebiet des Verbandes hat.

TIPP **Nehmen Sie sich ein Beispiel an dem ehemaligen amerikanische Präsident Bill Clinton. Von ihm wird berichtet, dass er sich optimal auf alle Events vorbereitete und sich vor wichtigen Veranstaltungen die Lebensläufe aller Gäste zusenden ließ, die an seinem Tisch saßen.**

Am Tag der Veranstaltung

Für die Durchführung empfehlen wir unser in Abbildung 9 dargestelltes Kommunikatorenmodell:

Am Empfangstresen stehen zwei bis drei Mitarbeiter (hier als K1 Kommunikatoren bezeichnet):

- Herr Oesterreich, der Buchhalter;
- Frau Assmann, die Sekretärin des Geschäftsführers;
- Frau Fiedler, die Webmasterin.

Sie teilen die Namensschilder aus und weisen freundlich darauf hin, dass die Mitarbeiter der Geschäftsstelle an der Farbe des Namensschildes zu erkennen und gern bei allen Fragen behilflich sind. Auch Wünsche nach Kontakt zu bestimmten Personen werden aufgenommen und in die Liste eingetragen.

Der Geschäftsführer Dr. Seibt (hier als Gastgeber bezeichnet) steht weit hinten im Saal. Die Mitarbeiter am Empfang haben die Aufgabe, die VIPs und die beiden neuen Mitglieder direkt zum Geschäftsführer zu bringen oder an einen der Fachreferenten weiterzureichen, der oder die ihn dann zum Geschäftsführer bringt.

Die Fachreferenten Boldt und Heinzmann sind im Raum verteilt (hier als Kommunikatoren K2 und K3 bezeichnet), örtlich vor dem Geschäftsführer. Ihre Aufgabe ist es, allein stehende Personen anzusprechen und sie in ein Gespräch mit anderen Teilnehmern zu vermitteln oder die ihnen von den Mitarbeitern am Empfang zugeführten VIPs sobald wie möglich an den Geschäftsführer weiterzureichen.

Sind die meisten Gäste anwesend, übernehmen die Aufgaben der Kommunikatoren 2 und 3 auch Mitarbeiter vom Empfang. Wenn eine Gruppe in ein lebhaftes Gespräch vertieft ist, lösen sich die Mitarbeiter daraus und versuchen, andere Gäste zusammen zu bringen (siehe Kapitel 9).

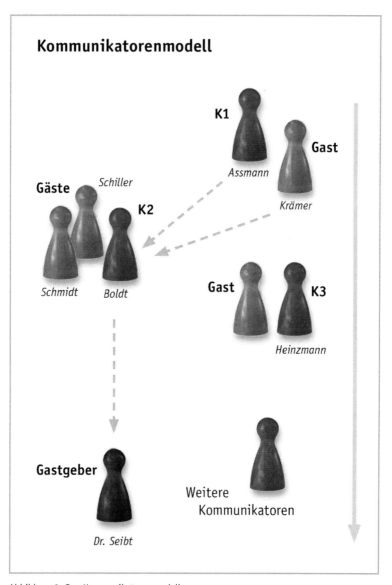

Kommunikatorenmodell

K1 Assmann

Gast Krämer

Gäste *Schiller*

K2

Schmidt *Boldt*

Gast **K3**

Heinzmann

Gastgeber

Weitere
Kommunikatoren

Dr. Seibt

Abbildung 9: Das Kommunikatorenmodell

Nach diesem Modell wird beispielsweise Herr Krämer (siehe Checkliste) nach seiner Ankunft nicht nach Herrn Dr. Seibt und Frau Huber Ausschau haltend durch den Raum wandern, sondern wird am Empfang wie folgt begrüßt:

K1 (Assmann): *»Guten Tag, Herr Krämer, hier ist Ihr Namensschild (B). Mein Name ist Petra Assmann (N). Ich bin die Sekretärin der Geschäftsstelle. Sie erkennen alle Mitarbeiter der Geschäftsstelle an dem roten Namensschild. Wenn Sie Fragen haben, können Sie sich gern an einen von uns wenden.«* (E)

Krämer: *»Vielen Dank.«*

K1 (Assmann): *»Ich würde Sie gerne direkt zu Herrn Dr. Seibt bringen, aber ich sehe gerade, dass er noch im Gespräch ist. Ich bringe Sie zunächst zu unserer Fachreferentin, Frau Boldt, mit ihr hatten Sie doch letzte Woche Kontakt.«*

Frau Boldt ist im Gespräch mit Herrn Schmidt von der Firma Herrendorf und Frau Schiller von Security Service. Sie bemerkt, dass sich Frau Assmann mit einem weiteren Gast nähert. Krämer und Assmann warten eine kurze Gesprächspause ab bis Frau Boldt sich Ihnen zuwendet.

Assmann: *»Guten Tag, darf ich Ihnen kurz Herrn Krämer von der Firma Brandauer vorstellen?«*

Boldt: *»Guten Tag, Herr Krämer, ich bin Irina Boldt, wir haben letzte Woche telefoniert. Das ist Herr Schmidt von der Firma Herrendorf und Frau Schiller von Security Service. Herr Schmidt ist neues Mitglied bei uns im Verband, Frau Schiller ist allerdings wie Sie, schon viele Jahre bei uns Mitglied. Wir reden gerade über die neu sanierten Räume der Geschäftsstelle.«*

Es ist wichtig, neben dem Namen zu jeder Person noch ein zwei Sätze in der Vorstellung zu sagen, das erleichtert den Gesprächseinstieg für die Gäste.

Krämer zu Schmidt: *»Na, dann herzlich willkommen im Club. Wie sind Sie denn auf unseren Verband gekommen?«*

Herr Schmidt berichtet nun kurz über sein Unternehmen und es entspinnt sich ein lebhafter Dialog, so dass Frau Assmann die Gruppe verlassen kann und zurück zum Empfang geht. Nach einigen Minuten bringt Herr Oesterreich einen weiteren Gast und stellt ihn der Gruppe vor.

Frau Boldt sieht, dass sich die Gruppe gut unterhält und macht Dr. Seibt ein kleines Zeichen, dass Sie nun Herrn Krämer zu Dr. Seibt und Frau Huber bringen möchte.

Dr. Seibt zu Frau Huber: *»Ich sehe, da bringt uns Frau Boldt Herrn Krämer von der Firma Brandauer.«*

Auch hier beginnt das Gespräch zunächst wieder mit einem Small Talk. Schließlich kommt Herr Krämer auf sein Anliegen zu sprechen und möchte von Frau Huber wissen, ob er sie wegen einiger offener Punkte zur neuen Gesetzesinitiative befragen kann. Wenn sich beide angeregt unterhalten, kann sich Dr. Seibt aus diesem Gespräch zurückziehen und mit weiteren Gästen sprechen (siehe Kapitel 9).

Mit dieser Vorbereitung sind sich alle bewusst, dass die Veranstaltung in erster Linie dazu dient, mit einem Small Talk Verbindungen zwischen Gästen herzustellen. Durch ein gutes Zusammenspiel sind die oben angeführten Befürchtungen zerstreut:

Der Geschäftsführer Dr. Seibt weiß, dass ihm die wichtigen Gäste auf jeden Fall zugeführt werden. Er wird Fachthemen kurz halten und falls nötig vertagen. So hat er Zeit, mit vielen Mitgliedern zu sprechen und erfährt auf diese Weise die Stimmung in der Branche.

Die Sekretärin Assmann wird entlastet, denn sie weiß, wie sie Gäste in andere Gruppen integriert und muss nicht den ganzen Abend mit den gleichen Gästen verbringen. Sie leitet die VIPs und die neuen Mitglieder an den Geschäftsführer weiter und kümmert sich wie beschrieben um andere Gäste.

Der Buchhalter Oesterreich und die Webmasterin Fiedler haben keine Bedenken mehr, auf Fachthemen angesprochen zu werden, von denen sie nichts verstehen. Ihr Namensschild weist sie als Mitorganisatoren aus. Sie können Auskünfte geben über Zuständigkeiten in der Geschäftsstelle und anwesende Gäste an bestimmte Personen weiterleiten oder Rückrufwünsche entgegennehmen. Sie wissen, hier ist Small Talk angebracht, aus dem für die nächste Jahrestagungsliste Informationen generiert werden können.

Die beiden Fachreferenten Boldt und Heinzmann wissen, dass die Veranstaltung nicht der Rahmen für tiefschürfende Fachthemen ist, sondern dass es Ihre Aufgabe als Gastgeber ist, Gäste miteinander ins Gespräch zu bringen.

KOMPAKT Alle Mitarbeiter des einladenden Unternehmens sind Gastgeber und je nach ihrer Funktion im Unternehmen mit festen Aufgaben für die Gästebetreuung betraut. Sie unterhalten sich während des Anlasses nicht miteinander, sondern führen Gespräche mit den Gästen. Sobald sich die Gäste kennengelernt haben und in ein reges Gespräch vertieft sind, zieht sich der Gastgeber zurück und ist offen für neue Gäste.

Zwei Tage nach der Veranstaltung

In einem kurzen Meeting wird über den Verlauf der Veranstaltung gesprochen: Was war gut, und wo ist noch Raum für Verbesserungen für die nächste Jahresveranstaltung? Wichtige oder interessante Informationen der einzelnen Gäste können jetzt mitgeteilt werden.

13.5 Eine Veranstaltung mit weniger Gästen

Ist Ihre Gästeschar überschaubar und kennen Sie jeden einzelnen Gast, erübrigt sich natürlich ein Vorgehen wie oben beschrieben. Vermutlich kennen sich aber nicht alle Gäste untereinander.

Je nachdem, ob es sich um einen Stehempfang oder ein Essen mit festen Plätzen am Tisch handelt, haben Sie verschiedene Möglichkeiten, für ein gutes Kennenlernen die Voraussetzungen zu schaffen. Machen Sie sich im Vorfeld der Einladung Gedanken, wer sich noch nicht kennt und wie Sie diese Menschen zusammenbringen können. Stellen Sie Ihre Gäste untereinander vor und erwähnen Sie neben dem Namen, Firma und Funktion auch etwas Verbindendes aus dem privaten Bereich, wenn Sie es wissen. Hier eignen sich zum Beispiel

- Interesse für eine bestimmte Sportart,
- gleichaltrige Kinder,
- gleicher ursprünglicher Herkunftsort (zum Beispiel beide aus Schleswig-Holstein),
- Hunde- oder Katzenbesitzer,
- fahren beide die gleiche Automarke,
- waren beide letztes Jahr im gleichen Urlaubsland.

Beispiel: »*Das ist Herr Krämer, Geschäftsführer der Brandauer AG. Ebenfalls wie Sie passionierter Tennisspieler.*«

Wenn Ihnen wirklich nichts einfällt, was zwei Personen, die sich noch nicht kennen, verbinden könnte, bleibt noch der Anlass als Gesprächseinstiegshilfe, zum Beispiel der Bezug zum Gastgeber.

Machen Sie sich im Vorfeld Gedanken, wie Sie Gäste einander vorstellen, die sich noch nicht kennen.

TIPP

13.6 Das Arbeitsessen/Geschäftsessen

Ein Arbeitsessen ist häufig die Unterbrechung eines längeren Besuches eines auswärtigen Gastes oder externen Mitarbeiters im Unternehmen. In großen Unternehmen wird der Gast häufig in die hauseigene Kantine mitgenommen, um mit ihm die Mittagspause zu verbringen. Überlegen Sie, ob Sie weitere Mitarbeiter aus Ihrer Abteilung dazu bitten können und stellen Sie sie kurz mit Namen und Funktion vor.

Beginnen Sie das Gespräch mit einem Small Talk. Damit signalisieren Sie, dass Sie Ihrem Gast die wohlverdiente Pause gönnen und gern die Gelegenheit nutzen, ihn näher kennen zu lernen.

Gesprächsthemen sind hier die Anreise des Gastes, seine Unterbringung, seine Aufenthaltsdauer, Sehenswertes in Ihrem Heimatort, seine Heimatstadt, Familie, Hobbys oder Interessen, die Sie von ihm schon wissen. Beim nächsten Telefongespräch oder Besuch haben Sie schon eine persönliche Beziehung zu ihm hergestellt und genügend Gesprächsstoff, um ein Sachgespräch mit einem Small Talk zu umrahmen.

Zu einem auswärtigen Geschäftsessen im Restaurant wird häufig geladen, um einen Arbeitstag mit einer Mittagspause zu unterbrechen, weil man sich für einen Auftrag bedanken möchte oder weil man den gemeinsamen Aufenthalt anlässlich einer Messe oder eines Kongresses für ein Arbeitsgespräch in einer fremden Stadt nutzen möchte. Was auch immer der Grund für ein Geschäftsessen im Restaurant ist, und ob Sie Gast oder Gastgeber sind, Sie machen nichts falsch, wenn Sie sich an die folgenden Regeln halten:

13.7 So bereiten Sie sich für ein Geschäftsessen vor

Als Gastgeber wählen Sie das Restaurant aus. Nur wenn Sie sicher sind, welche Geschmacksrichtung Ihr Gast bevorzugt, darf es auch ein exotisches Restaurant wie Indisch oder Fernöstlich sein. Andernfalls machen Sie mit einem gehobenen italienischen Restaurant nichts falsch. Erkundigen Sie sich, ob Ihr Gast Vegetarier ist.

Beim Geschäftsessen gilt: Wer zahlt, führt. Das heißt, die Rolle der Dame entfällt. Wenn eine Frau eingeladen hat und der Ober nicht zum Tisch führt, betritt die zahlende Dame als erste das Lokal und führt ihren Gast an den Tisch. Werden Sie vom Ober empfangen, ist die Reihenfolge: Ober, Gast, Gastgeber.

Der Gast darf sich selbstverständlich den besten Platz aussuchen. Auch wenn die Rolle der Dame im Geschäftsleben entfällt, empfiehlt es sich bei mehreren Gästen, sich in gemischter Runde aufzuteilen, wobei die Damen rechts von den Herren sitzen. Wenn Sie nicht gemeinsam kommen, darf natürlich derjenige, der als Erster eintrifft, schon hineingehen. Bestellen sollte man aber erst, wenn auch der Gastgeber angekommen ist.

13.8 Souverän einen guten Eindruck machen

Der Gastgeber wird nun ein Gericht empfehlen. Das bedeutet nicht, dass der Gastgeber das Gericht schon mal gegessen und sich von der Qualität überzeugt hat und der Gast das Gericht auch bestellen sollte. Die Empfehlung ist ein dezenter Hinweis, in welcher Preiskategorie sich die Bestellung bewegen kann, ob eine Vorspeise oder Nachspeise auch dazu gehört. Oft haben Mitarbeiter einen bestimmten Betrag für die Bewirtung zur Verfügung.

Ist ›nur‹ der Abschluss eines Geschäftes oder Arbeitstages Anlass für das Geschäftsessen, sind die Sachthemen besprochen und abgehakt, beginnen Sie das Gespräch mit einem Small Talk. Vielleicht möchten Sie mehr über das Unternehmen erfahren, für das Ihr Gast arbeitet oder über seine Erfahrungen mit Ihren Mitbewerbern. Das ist verständlich, aber hüten Sie sich vor Klatsch und Tratsch.

Seien Sie sehr zurückhaltend mit alkoholischen Getränken und plaudern Sie in gelöster Stimmung keinesfalls über Firmeninterna, branchen-interne Gerüchte oder Klatsch. Halten Sie sich auch mit dem pausenlo-sen Erzählen von Witzen zurück. Besonders weibliche Gäste fühlen sich dadurch oft genervt und lassen sich das aus Höflichkeit nicht anmerken. Mit endlosem Witzeerzählen bringen Sie sich auch um die Möglichkeit, etwas mehr über ihren Gast zu erfahren und eine persönliche Beziehung aufzubauen, die ihnen später hilfreich sein kann.

Wenn Sie mit einem Geschäftspartner zum Arbeitsessen verabredet sind, um mit ihm über Sachinhalte zu reden, ist dazu erst nach dem Dessert der richtige Zeitpunkt. Dann haben Sie auch Platz auf dem Tisch, um gegebenenfalls Unterlagen auszubreiten. Die Zeit vorher sollten Sie nutzen, um Ihre persönliche Beziehung zu Ihrem Geschäftspartner zu festigen. Und wenn mehrere Personen an dem Essen teilnehmen, wann dürfen Sie frühestens gehen? Nicht vor dem abschließenden Kaffee!

KOMPAKT **Ein Geschäftsessen ist eine gute Gelegenheit, Ihre Geschäftspartner besser kennenzulernen und eine persönliche Beziehung zu ihnen her-zustellen. Lassen Sie ihnen Zeit, sich während des Essens zu erholen und nutzen Sie die Zeit vor dem Dessert für einen Small Talk, um mehr über Ihre Geschäftspartner zu erfahren.**

Knifflige Situationen

»Nehmen Sie die Menschen, wie sie sind, andere gibt's nicht.«

Konrad Adenauer (1876–1967), erster deutscher Bundeskanzler

Auch wenn Sie nun, nachdem Sie dieses Buch durchgearbeitet haben, den Small Talk und die dazu gehörenden aktuellen Umgangsformen sicher beherrschen, wissen wie Sie Fettnäpfchen vermeiden, indem Sie sich mit polarisierenden Meinungsäußerungen zurückhalten und auch sonst Ihr eigenes Verhalten selbstkritisch überprüft haben (Kapitel 4), ist nicht auszuschließen, dass sich ein Gespräch nur mühsam entwickelt, weil Sie auf schwierige Gesprächspartner treffen oder von anderen Themen angesprochen werden, die als ›Don'ts‹ im Small Talk gelten.

Vielen Situationen nehmen Sie die Brisanz, wenn Sie mit einer professionellen, positiven Einstellung auf Menschen zugehen, auch wenn Ihnen jemand auf den ersten Blick nicht sympathisch erscheint oder beim ersten Kontakt keinen aufgeschlossenen, gesprächsbereiten Eindruck macht. Sie wissen nicht, in welcher emotionalen Verfassung sich Ihr Gesprächspartner momentan befindet, warum er sich gerade jetzt so verhält. Ein erster Eindruck sollte Sie nicht dazu verleiten, Personen in Schubladen zu stecken. Manchmal gestaltet sich ein späteres Zusammentreffen offener. Die nachstehend genannten Gesprächstypen sind daher nicht als Persönlichkeitstypen zu verstehen, sondern beziehen sich auf eine aktuelle Situation.

Die folgenden Beispiele stammen aus dem Erfahrungsbereich unserer Seminarteilnehmer und geben Ihnen Orientierungs- oder Handlungshilfen, wie Sie vermeintlich schwierige Situationen elegant und freundlich meistern.

14.1 Der Gesprächsmuffel

Herr Schumann ist zu einem Weihnachtsessen in seinem Berufsverband eingeladen. Sein linker Nachbar unterhält sich mit seinem linken Nachbarn. »Kontakte knüpfen und sich kennenlernen ist auch Sinn dieser Veranstaltung«, denkt sich Schumann wohlgelaunt und will mit der Formel BEN einen Small Talk mit seinem rechten Nachbarn beginnen.

Eine Bemerkung über etwas Offenkundiges, Gemeinsames, zu dem der Nachbar etwas sagen kann, sollte es zunächst sein.

Schumann: »*Die Gastgeber lassen sich bei der Location und dem Veranstaltungsprogramm aber auch immer neue Überraschungen einfallen.*«

Der Tischnachbar könnte antworten:

Nachbar: »*Das stimmt, im letzten Jahr war ich leider nicht dabei, aber vor zwei Jahren. Da hat es mir auch schon sehr gut gefallen.*«

Darauf könnte Schumacher etwas von der Veranstaltung im vergangenen Jahr erzählen, sich namentlich vorstellen und das Gespräch wäre in vollem Gange.

Anstelle einer netten Antwort brummt der Nachbar aber nur ›hm‹ und blickt tiefsinnig auf seinen Teller. Das Essen scheint ihm interessanter zu sein als ein Gespräch mit dem Tischnachbarn. Schumacher ist ratlos. Noch ein Versuch, denkt er sich, vielleicht ein bisschen banal, was mir jetzt noch so einfällt, aber besser als gar nichts zu sagen.

Schumann: »*So zubereitet kannte ich die Süßkartoffeln noch nicht, schmeckt aber wirklich toll.*«

Der Nachbar blickt ihn wortlos an und sagt nichts. Schumacher überlegt, ob er es noch mit einer offenen Frage versuchen sollte, um den Nachbarn damit zu einer Antwort zu veranlassen, wenn dieser nicht extrem unhöflich sein will. Aber will er das wirklich?

KOMPAKT **Obwohl sich nach unseren Erfahrungen die meisten Menschen freuen, wenn sie angesprochen werden und ihnen damit die Hürde des Gesprächsbeginns mit einem Fremden abgenommen wird, werden Sie auch auf wenig kommunikative Personen treffen. Wenn Sie merken, dass Ihr Gegenüber nicht gesprächsbereit ist, versuchen Sie den Gesprächspartner zu wechseln. In der beschriebenen Tischsituation ist das aber nicht möglich. Es bleibt Ihnen nichts anderes übrig, als die Zeit durchzustehen. Neben den oben genannten Hinweisen, verschiedene Themen anzuschneiden und offene Fragen zu stellen, haben Sie keine Möglichkeit, jemand zu einem Gespräch zu zwingen. Es ist nicht Ihre Schuld, wenn sich die andere Person nicht an die Regeln einer guten Konversation hält. Sie sind dafür nicht verantwortlich! Wenn Sie sich das bewusst machen, können Sie entspannter damit umgehen.**

14.2 Der Besserwisser

Ab und zu werden Sie auf eine Person treffen, die grundsätzlich alles besser weiß als der Rest der Runde und die meint, es wäre ein beglückender Gewinn für die Unbedarften, sie an ihrem Wissen teilhaben zu lassen und ungefragt mit guten Ratschlägen ihre Lebensqualität zu verbessern.

Während einer Veranstaltung haben sich vier Teilnehmer zu einem Imbiss am Stehtisch zusammengefunden. Der Small Talk über das angebotene Programm der Veranstaltung ist in vollem Gange als Herr Bode sagt, er wolle sich als Nachtisch noch ein Nusstörtchen gönnen, die seien hier immer so lecker. Er bietet an, Frau Eiche, Herrn Klugmann und Herrn Schleicher ein Törtchen vom Buffet mitzubringen.

Eiche: »*Mir nicht, ich bin gegen Nüsse allergisch.*«

Das ist das Stichwort für Herrn Klugmann.

Klugmann: »*Waren Sie damit schon beim Spezialisten? Sie müssen zu einem Hautarzt gehen, der sich mit dem Thema auskennt, am besten Sie lassen sich in einer Universitätshautklinik testen.*«
Eiche: »*Das habe ich schon, ich kenne mich aus, ich bin schon seit 15 Jahren Allergikerin*«
Klugmann: »*Sie brauchen eine Hyposensibilisierung, alles andere nützt nichts. Man kann heute viel gegen Allergien tun! Allergien gehören zu den Krankheiten, die seit Jahren am besten erforscht sind*«.
Eiche: »*Das weiß ich. Ich habe schon alles versucht, was heute möglich ist. Aber so ganz losgeworden bin ich es noch nicht.*«

Nun setzt Herr Klugmann zu einem längeren Vortrag über die Geschichte der Allergien und ihrer Behandlungsversuche in den letzten 300 Jahren an.

Der Vierte am Tisch, Herr Schleicher, fühlt sich vom Gespräch ausgeschlossen. Von Allergien hat er keine Ahnung und er interessiert sich auch nicht dafür. Am liebsten würde er die Runde verlassen, aber weil Herr Bode ein Nusstörtchen für ihn mitbringen will, muss er bleiben. Frau Eiche fühlt sich unbehaglich, sie hat keine Lust, hier über ihre Krankheit zu diskutieren und ihre persönliche Therapie zu rechtfertigen, zumal sie an der Körpersprache von Herrn Schleicher bemerkt, dass der genervt ist. Was kann sie tun?

Wie in Kapitel Vier beschrieben, ist ein Small Talk keine Diskussionsrunde und Krankheiten sind kein Small-Talk-Thema. Frau Eiche hätte früh erkennen können, dass Herr Klugmann sie in eine Diskussion hineinzieht.

Hier unser Vorschlag:
Frau Eiche erkennt spätestens als Herr Klugmann erklärt, Sie solle sich in einer Universitätsklinik testen lassen, dass das Gespräch in eine Richtung verläuft, in der sie ungebetene Belehrungen erhält und sich ausgefragt fühlt. Sie wechselt das Thema, indem sie zunächst an das Gesprochene anknüpft, ohne inhaltlich näher darauf einzugehen.

Eiche: »Das kann sein.«

Frau Eiche wendet sich sofort an Herrn Schleicher mit einem komplett anderen Thema.

Eiche: «Übrigens, um noch mal zurückzukommen auf das diesjährige Rahmenprogramm, Sie wollten doch daran teilnehmen. Was interessiert Sie besonders?«

Sie nimmt damit Herrn Klugmann die Möglichkeit, auf das Allergiethema zurückzukommen, denn nun wird Herr Schleicher antworten. Auch in einem Zweiergespräch, in dem Frau Eiche sich nicht an einen Dritten wenden kann, könnte sie so vorgehen. Mit einer positiven Aussage macht sie deutlich, dass sie jetzt über etwas anderes sprechen möchte.

Eiche: »Das kann sein. Aber lieber als über meine Allergie zu reden, möchte ich noch mal auf unser voriges Thema zurückkommen und Sie fragen, was Sie besonders an dem Rahmenprogramm interessiert.«

Versuchen Sie, rechtzeitig zu erkennen, dass Sie in eine Diskussion **KOMPAKT**
verwickelt werden. Wenden Sie sich entweder an weitere Gesprächspartner oder beenden Sie in einem Zweiergespräch klar aber positiv die Thematik und bringen Sie einen neuen Gedanken ins Gespräch. Dadurch nehmen Sie dem Besserwisser freundlich die Gelegenheit, sein Thema weiter zu vertiefen.
Ein lockerer, positiver Themenwechsel ist häufig nur möglich, wenn Sie nicht zu lange gewartet haben. Denn wenn Sie sich bereits ärgern, fallen Sie möglicherweise in eine schärfere Tonart.

14.3 Der Tabulose

Es gibt immer wieder Menschen, die sich selbst besonders taff und wichtig fühlen, wenn sie Tabus brechen und ihre Rolle auf dem gesellschaftlichen Parkett mit der eines investigativen Journalisten verwechseln. Ungehemmt stellen Sie Fragen, die in einem Small Talk, erst recht in einem Small Talk im beruflichen Umfeld, unangemessen sind.

Bei einem Netzwerktreffen unterhalten sich Frau Lange und Herr Krause über die wirtschaftliche Lage ihrer Branche. Schließlich fragt Frau Lange:

Lange: *»Was verdient man denn so in Ihrer Position?«*

Wie können Sie reagieren? Zunächst einmal: Ruhe bewahren und tief durchatmen. Es ist nicht falsch, wenn Sie einen Moment lang schweigen und überlegen, ob es sich um eine unangemessene Frage handelt oder ob Sie die Frage richtig verstanden haben. Vielleicht steckt etwas Harmloses dahinter und Sie interpretieren die Frage falsch.

Herr Krause überlegt einen Moment, ob Frau Lange tatsächlich wissen will, wie hoch sein persönliches Einkommen ist oder ob sich Frau Lange neutral über einen Gehaltsrahmen in der entsprechenden Position informieren will. Das könnte bedeuten, dass sie über einen beruflichen Wechsel nachdenkt. Um das abzuklären, reagiert Herr Krause mit einer Gegenfrage.

Krause: *»Haben Sie die Absicht, sich zu bewerben oder wieso interessiert Sie das?«*

Wenn Frau Lange das bejaht, kann Herr Krause über Aufgaben und Anforderungen seiner Position informieren und nebenbei die Gehaltsfrage wie folgt kommentieren.

Krause: *»Sie werden ja sicher eine Gehaltsvorstellung haben, wenn Sie sich verändern wollen. Über mein persönliches Einkommen möchte ich selbstverständlich nicht sprechen.«*

Auch auf Fragen nach Betriebsinterna können Sie so reagieren. Fragen Sie, warum sich Ihr Gesprächspartner so sehr dafür interessiert. Aber auch hier ist ein Hinweis, dass Sie natürlich über Betriebsinterna nicht sprechen, durchaus angemessen.

Auf unverschämte Fragen, wie *»Trinken Sie gar keinen Alkohol, hatten Sie da mal ein Problem?«* oder *»Ist es wahr, dass Ihr Chef ein Verhältnis mit der Frau eines Mitbewerbers hat?«* ist ein kurzes Schweigen auch eine Antwort. In einem Zweiergespräch schauen Sie nicht betreten oder erschrocken zur Seite, sondern blicken Ihren Gesprächspartner lächelnd an, und schweigen einen kurzen Moment. Sobald Sie erkennen, dass ihm die Situation unangenehm ist, sprechen Sie ein anderes Thema an.

Wenn Ihnen in einem Gespräch mit mehreren Personen eine unverschämte Frage gestellt wird, ignorieren Sie diese und wenden sich mit einem anderen Thema an einen der anderen Gesprächspartner.

Unangemessene Fragen treten meistens unverhofft auf. Damit Sie KOMPAKT **nicht ratlos reagieren, empfehlen wir, solche Situationen vor dem Spiegel durchzuspielen. Üben Sie dabei, mit einem klar formulierten Satz die Frage zurückzuweisen ohne dabei unfreundlich zu werden. Achten Sie auf Ihren Gesichtsausdruck und auf Ihre Stimmlage. Der Satz *»Sie wissen doch, über Gehälter spricht man nicht«* kann sich patzig anhören oder mit einem Lächeln freundlich aber bestimmt klingen, so dass der Gesprächspartner nicht sein Gesicht verliert. Oft merkt der Fragende selbst, dass er in ein Fettnäpfchen getreten ist und würde am liebsten im Erdboden versinken. Gehen Sie daher souverän über die Frage hinweg.**

14.4 Der Nörgler

Eine offene, positive Atmosphäre zu schaffen, kann mühsam sein, wenn Sie auf einen Menschen treffen, der sein Ansehen stärken will, indem er der Welt zeigt, dass er alles kritisch hinterfragt und seine wertvolle Zeit nicht mit banalem Zeitvertreib vertun will.

Herr Schumann arbeitet im Controlling. Ab und zu wundert er sich über Entscheidungen der Einkaufsabteilung, die ihn aber nicht direkt betreffen. Dennoch würde es ihn interessieren, mit jemandem aus der Einkaufsabteilung darüber zu sprechen, aber er kennt die Kollegen dort nur vom Sehen.

In der Mittagspause in der Kantine setzt sich heute Herr Paul aus dem Einkauf an seinen Tisch. »Super«, denkt Herr Schumann, »*endlich mal die Gelegenheit, jemand aus dieser Abteilung kennenzulernen, dann können wir ab und zu mal in der Kantine zusammensitzen und uns austauschen. Aber heute ist erst mal Small Talk angesagt.*«

Aber Herr Paul sitzt schweigend da und macht einen abwesenden Eindruck. Glücklicherweise gesellt sich Frau Gottwald dazu und erzählt fröhlich, dass sie sich die neue Staffel einer Zombie-Serie bestellt hat und sich schon wahnsinnig freut, diese abends mit ihrem Freund anzusehen.

Schumann: »*Ab und zu sehe ich so was auch gern*« Und an Herrn Paul gewandt (offene Frage): »*Wie fanden Sie diese Serie, die gab es doch im Fernsehen und soll ein Straßenfeger gewesen sein?*«

Paul: »So einen Mist sehe ich mir nicht an, dafür werden Millionen rausgeworfen, die könnte man sinnvoller verwenden.«

Nach einem Moment betretenen Schweigens versucht es Herr Schumann erneut.

Schumann: »Na ja, das ist leichte Kost, stimmt schon und Zombies sind nicht jedermanns Sache. Ich gehe manchmal in Programmkinos, dort spielen sie die anspruchsvollen Filme. Neulich habe ich mir noch mal Casablanca angesehen. Auf einer großen Leinwand wirkt das doch ganz anders, als auf dem Fernseher. Gibt es einen Film, der Sie nachhaltig beeindruckt hat?«
Paul: »Vor dreißig Jahren vielleicht, heute nicht mehr.«

Schumann will nicht diskutieren, sondern Gemeinsamkeiten finden. Irgendetwas Offenkundiges, was die Kollegen verbindet. Er startet einen weiteren Versuch.

Schumann: »Das alte Treppenhaus ist nach der Renovierung richtig schön geworden.«
Paul: »Neuerdings werden alle Wände mit weißem Glattputz versehen, langweiliger geht's nicht.«
Schumann: »Wie hätte es Ihnen denn besser gefallen?«
Paul: »Keine Ahnung, ist mir auch egal.«

Nun mischt sich wieder Frau Gottwald ein.

Gottwald: »Ich finde es toll, dass es möglich war, noch einen Aufzug einzubauen.«

Paul: »Das Geld für den Aufzug hätte man sich sparen können, wir sind doch noch alle fit.«

Schumann verzweifelt langsam, ihm fällt nichts mehr ein, um mit Paul einen netten Kontakt herzustellen.

KOMPAKT Manche Menschen merken nicht, wie abweisend ihre negativen Äußerungen auf andere wirken und wundern sich, dass man sie meidet. Wir wissen nicht, in welcher Stimmung ein Nörgler ist, dem man nichts Recht machen kann. Es ist durchaus möglich, dass er Sie beim nächsten Zusammentreffen freudig begrüßt und aufgeschlossener ist. Dann hätten Sie mit Ihrer Hartnäckigkeit und Ihrem Durchhaltevermögen Ihr Ziel erreicht.

Vielleicht handelt es sich auch um einen chronischen Nörgler, der frustriert ist über sich selbst, sein Leben, seine Arbeit. Nehmen Sie ihm seine destruktive Art nicht übel, aber Sie müssen sein Verhalten auch nicht psychologisch analysieren. Wenn es sich um eine Person handelt, die für Sie nicht wichtig ist, werden Sie entscheiden müssen, ob Sie einen weiteren Kontakt wünschen. Warten Sie die nächste Begegnung ab, werden Sie begrüßt? Dann lohnt vielleicht ein weiterer Kontaktversuch. Wenn es sich um eine wichtige Person handelt, bleiben Sie professionell freundlich und vermeiden Sie es, sich durch den Nörgler in Diskussionen verwickeln zu lassen.

14.5 Die Plaudertasche

Small Talk im Geschäftsleben ist kein Selbstzweck. Berufliche Kontaktbörsen, Branchentreffs und ähnliche Veranstaltungen dienen der Kontaktaufnahme und selbstverständlich soll hier nicht nur Small Talk gemacht werden. Aber der Small Talk ist der erste Schritt, die gewünschten Personen kennen zu lernen und eine harmonische Gesprächsgrundlage herzustellen. Diese Zusammenkünfte bieten Gelegenheiten, ein Anliegen persönlich zur Sprache zu bringen.

Nun kommt es darauf an, den richtigen Moment für einen Themenwechsel vom Small Talk zu einem Anliegen zu finden.

Herr Töpfer besucht eine Get-together-Party seiner Branche zusammen mit seiner Mitarbeiterin, Frau Plauderer. Töpfer weiß, dass auf der Get-together-Party ab und zu auch einer seiner Lieferanten, Herr Paulsen, anwesend ist und hofft, ihn dort kennenzulernen, weil es in letzter Zeit häufig Reklamationen gegeben hat. Die Mitarbeiter dort waren wenig serviceorientiert und den geschäftsführenden Eigentümer, Herrn Paulsen, konnte Herr Töpfer telefonisch nie erreichen.

Nun steht Herr Paulsen neben ihm am Tisch. Man hatte zunächst einen netten Small Talk, hat gemeinsame Interessen festgestellt, sich namentlich vorgestellt, so dass Herr Töpfer nun sein Problem zur Sprache bringen möchte.

Paulsen: »*Ich habe jetzt eine Filiale in Berlin aufgemacht und bin wieder von Nürnberg nach Berlin gezogen. Als Berliner kann ich mich dauerhaft doch nur in Berlin zu Hause fühlen.*«

Töpfer denkt, hier kann ich einhaken und will fragen, wo in Berlin die neue Filiale ist und dabei erwähnen, dass er als Berliner Unternehmen dann die Geschäfte mit der ortsansässigen Filiale machen würde, weil es mit der Nürnberger Niederlassung immer Lieferprobleme gab. Dann wäre er beim Thema und könnte sein Anliegen ansprechen. Aber Frau Plauderer kommt ihm mit einer Antwort zuvor:

Plauderer: »*Nürnberg? Da kenne ich mich aus. Meine Eltern sind aus einem kleinen Ort zwischen Nürnberg und Aschaffenburg, da bin ich auch aufgewachsen. Mein Vater will da nie weg, er ist durch und durch Franke. Aber meine Mutter findet Berlin toll und würde gern hierher ziehen.*«

Nun folgt eine längere Abhandlung über die Kindheit in Franken und Herr Töpfer überlegt verzweifelt, wie er Frau Plauderer bremsen kann, denn sicher interessiert das Herrn Paulsen nicht wirklich und er will das Zusammentreffen mit Paulsen doch für sein Anliegen nutzen. Aber Frau Plauderer redet unentwegt und bemerkt nicht, dass sie damit Herrn Töpfer daran hindert, sein Anliegen anzusprechen. Schließlich unterbricht er sie.

Töpfer: »*Herr Paulsen, wo befindet sich denn Ihre neue Filiale, Berlin ist ja recht groß?*«

Eigentlich war die Frage an Paulsen gerichtet, aber Frau Plauderer ist schneller.

Plauderer: »*Ja, das sagt Martina auch immer.*«
Paulsen: »*Aha, wer ist Martina?*«

Plauderer: »Ja, also das ist meine Freundin, die habe ich auf dem Reiter-hof in Ostfriesland kennengelernt, da war ich sieben Jahre alt und meine Eltern brachten mich mit einem alten grünen VW dorthin, Martina hat mich gleich begrüßt, sie hatte noch keine Freundin dort, aber wir hatten sofort einen Draht, wir sind dann immer zusammen ausgeritten und nun wohnt Martina seit drei Jahren auch in Berlin, aber in einem anderen Bezirk, sie sagt auch immer, Berlin ist groß und sie kennt noch nicht alle Bezirke, das wird auch noch eine Weile dauern, sage ich immer, denn ich bin schon zehn Jahre hier und kenne auch noch nicht alles. Aber ich ...«

Töpfer ist kurz vor dem Platzen. Er hat schon oft bemerkt, dass Frau Plauderer gern über ihre Kindheit oder über Menschen erzählt, die kei-ner in der Runde kennt. In der Kantine war das einfach nur nervig, aber jetzt findet er es geradezu geschäftsschädigend. Es bleibt ihm nur, Frau Plauderer unhöflich zum Schweigen zu bringen:

Töpfer: »Entschuldigen Sie, Frau Plauderer, aber ich glaube, das will Herrn Paulsen doch nicht so ausführlich wissen. Herr Paulsen, mich in-teressiert, wo Ihre neue Filiale in Berlin ist, weil es mit der Nürnberger Niederlassung nicht reibungslos läuft. Vielleicht können wir in Berlin von Haus zu Haus die Probleme schneller lösen.«

Frau Plauderer ist zwar jetzt gekränkt, aber Herr Paulsen erkundigt sich, was zu der Unzufriedenheit geführt hat und verspricht, sich persönlich um die Angelegenheit zu kümmern. Er sagt zu, Herrn Töpfer anzurufen, sobald er der Sache nachgegangen ist.

Obwohl Branchentreffs dem Kennenlernen und der Aussprache dienen, kann man sein Anliegen nur direkt ansprechen, wenn keine unbeteiligten Dritten an dem Gespräch teilnehmen. In diesem Falle lautet die Regel, den Gesprächsbedarf zu signalisieren, sich gegebenenfalls in eine ruhige Ecke zurückzuziehen oder einen Termin zu verabreden.

In diesem Fall kann Herr Töpfer sein Anliegen wie folgt anbringen.

Töpfer: *»Herr Paulsen, ich bin froh, dass ich Sie hier mal getroffen habe, denn ich habe schon oft versucht, Sie wegen Lieferungen Ihrer Nürnberger Filiale persönlich zu sprechen. Das hat aber nie geklappt. Hier ist meine Visitenkarte. Können wir uns hier noch kurz irgendwo zusammensetzen oder wann hätten Sie Zeit für ein Telefonat?«*

In dem verabredeten Telefonat würden die beiden Herren dann zunächst wieder kurz einen Small Talk führen:

Paulsen: *»Hallo, Herr Töpfer. Ich habe mir notiert, Sie heute anzurufen. Sind Sie nach der Get-together-Party gut nach Hause gekommen? Es war ja zeitgleich eine Großveranstaltung in der o2-World zu Ende.«*
Töpfer: *»Ja, ich bin gerade vorher noch so durchgekommen. Was macht Ihre neue Filiale in Berlin?«*
Paulsen: *»Nächsten Monat ist Eröffnung, eigentlich sollte sie schon eröffnet sein, aber es gab noch Probleme mit der EDV-Anlage.«*
Töpfer: *»Na, viel Erfolg. Apropos Verzögerungen …*

Nun beginnt das eigentliche Sachgespräch, in dem Herr Töpfer seine Unzufriedenheit mit den Lieferschwierigkeiten der Nürnberger Filiale zur Sprache bringt. Nachdem die Sachlage besprochen und eine Lösung angeboten wurde, geht das Gespräch zurück auf die Beziehungsebene, das heißt zu einem Small Talk.

Wenn Sie als Vorgesetzter mit einem Mitarbeiter an einer Veranstaltung teilnehmen, auf der Sie auch über Ihre geschäftlichen Anliegen mit anderen Teilnehmern sprechen wollen, briefen Sie Ihre Mitarbeiter vorher entsprechend, damit sie nicht sich selbst in den Vordergrund stellen, sondern sensibel sind für den Augenblick, in dem Sie Ihr Ansinnen ansprechen können.

Als Mitarbeiter machen Sie sich bitte Gedanken, welchen Zweck eine Veranstaltung in Ihrem Metier hat und welche Themen über den Small Talk hinaus dort wichtig sein könnten. Stellen Sie sich nicht selbst durch Monologe über Ihr Privatleben in den Mittelpunkt. Wenn das Gespräch nicht stockt, überlassen Sie Ihrem Vorgesetzten den aktiven Gesprächsanteil.

KOMPAKT

Was Sie sonst noch tun können ...

15

»Suche nicht andere, sondern dich selbst zu übertreffen.«

Marcus Tullius Cicero (107–44 vor Christi), römischer Politiker und Philosoph

Wo können Sie sich noch weiterentwickeln?

Entwickeln Sie Ihr persönliches Auftreten weiter, wenn Sie feststellen, dass Sie auf einigen Gebieten noch Bedarf haben. Wo sind verwandte Felder, auf denen Sie sich noch weiter vervollkommnen können?

Sie können sich weiterbilden in modernen Umgangsformen, Ihr Selbstbewusstsein stärken, Ihre Schlagfertigkeit (begrenzt) trainieren, Haltung und Körpersprache verbessern, etwas für Ihre Stimme und klare Aussprache tun, Ihr Outfit optimieren, sich auf den Umgang mit internationalen Kunden vorbereiten und Ihre rhetorischen Fähigkeiten stärken.

Schlagfertigkeit

Oft erwarten unsere Seminarteilnehmer, dass wir Ihre Schlagfertigkeit trainieren und Ihnen auf jede möglicherweise auftretende Situation im Vorfeld schon eine passende Antwort liefern.

Schlagfertigkeit heißt, auf einen unerwarteten sprachlichen Angriff schnell, treffend, witzig und entwaffnend zu reagieren. Das ist, wie Intelligenz, nur in Grenzen trainierbar und setzt ein schnelles Reaktionsvermögen und eine angeborene Begabung voraus. Seit den neunziger Jahren wächst das Angebot von Seminaren und Büchern stetig, die versprechen, aus jedem Menschen, dem häufig nicht sofort eine Antwort auf eine provokante oder beleidigende Bemerkung einfällt, einen bewunderten, witzigen und überlegenen Rhetoriker zu machen.

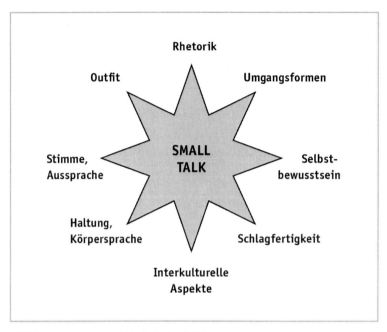

Abbildung 10: Verwandte Felder beim Small Talk

Wenn Sie das brauchen, probieren Sie es aus. Aber seien Sie auch hier vorsichtig mit antrainierten Reaktionen und Sprüchen, es könnte auf Kosten Ihrer Glaubwürdigkeit und Natürlichkeit gehen.

Outfit

Zu Ihrem Auftreten gehört selbstverständlich eine gepflegte Erscheinung und eine Ihrem Beruf angemessene Kleidung. Je höher Sie in der Hierarchie aufsteigen, desto strenger sollten Sie sich an den Business-Dresscode halten. Das gilt ganz besonders, wenn Sie das Unternehmen nach außen vertreten. Wenn das für Sie Neuland ist, empfehlen wir, machen Sie sich schlau bei den zahlreichen Ratgebern im Internet oder gehen Sie zu einem Stilberater.

Rhetorik

Für einen guten Small Talk müssen Sie nicht mit rhetorischen Fähigkeiten verblüffen, Sie müssen auch kein guter Redner sein. In dieser Phase des Gesprächs sollen Sie Ihre Gesprächspartner auch nicht von Ihrer Meinung überzeugen. Wenn Sie es schaffen, einen Fremden in ein Gespräch zu verwickeln, zuzuhören und einen Grundstein für weiterführende Kontakte zu legen, dann haben Sie mit Ihrem Small Talk das Ziel erreicht.

Umgangsformen

Im Geschäftsleben gibt es einige Regeln, die sich von den Regeln des guten Umganges im privaten Bereich unterscheiden. Wenn Sie die aktuellen allgemeinen Kniggeregeln nicht beherrschen, – dazu gehört zum Beispiel auch das Benehmen bei Tisch, das hier nicht besprochen wurde – lohnt es sich, ein Buch zu lesen oder ein Seminar zu besuchen.

Stimme und Aussprache

Gewöhnen Sie sich an, dialektfrei und deutlich zu sprechen. Das ist besonders beim Telefonieren wichtig. Wenn Sie Reden und Präsentationen halten, prüfen Sie, wie Ihre Stimme klingt und ob Sie damit zufrieden sind.

Haltung und Körpersprache

Es gibt zahlreiche Untersuchungen, die belegen, dass die erste Einschätzung eines Menschen in weniger als einer Sekunde stattfindet und in über 90 Prozent nicht von dem abhängt, was er sagt, sondern von seinem Aussehen, seiner Gestik, Körperhaltung, Stimme und Betonung. Wir haben in diesem Buch darum an verschiedenen Stellen abgeraten, Phrasen und Sprüche auswendig zu lernen, weil das auf Kosten Ihrer Glaubwürdigkeit geht. Laut Sabine Mühlisch, Dozentin für nonverbale Kommunikation an der Hochschule Konstanz, ist es »faktisch unmöglich, mit dem Körper zu lügen« (Mühlisch 2006).

Selbstbewusstsein

Je mehr Menschen Sie namentlich persönlich kennen, desto mehr wird Ihr Ansehen steigen. Das wirkt sich auch auf Ihr Selbstbewusstsein positiv aus. Wenn Sie derjenige sind, der Gespräche beginnt, steigt Ihr Ansehen und Sie haben allen Grund, selbstbewusst die Unterhaltung fortzuführen und die Verantwortung in einem Gespräch zu übernehmen.

Interkulturelle Kommunikation

Das vorliegende Buch behandelt den Small Talk im deutschsprachigen Raum. Wenn Sie geschäftlich international unterwegs sind, gehört die Kenntnis der jeweiligen Landessitten unbedingt zu Ihren selbstverständlichen Reisevorbereitungen. Schon innerhalb Europas gibt es zahlreiche kulturelle Unterschiede beim Small Talk, bei der Begrüßung, bei den Tischsitten und den Gepflogenheiten, Geschäftsbeziehungen zu pflegen oder Einladungen auszusprechen und anzunehmen. Pflegen Sie mit den arabischen Ländern oder in Fernost geschäftliche Beziehungen, ist es erst recht unverzichtbar, sich mit dem dortigen Verhaltenskodex vertraut zu machen, damit Ihr Auftritt formvollendet und nicht peinlich oder geschäftsschädigend wirkt oder zu Missverständnissen führt.

Schlusswort und Fazit

Die im vorigen Kapitel genannten Fähigkeiten sind keine Voraussetzung, um mit Small Talk im deutschsprachigen Raum beruflich weiter zu kommen. Mit einem guten Small Talk können Sie sofort beginnen. Alles was Sie an Voraussetzungen mitbringen müssen, sind Interesse an Ihrem Gegenüber und Freude an neuen Kontakten.

Denn Small Talk ist ein Gespräch über Alltägliches, Triviales, Augenscheinliches. Aber so, wie Sie mit einem kleinen Schlüssel ein schweres Tor öffnen können, ist Small Talk Ihr Türöffner für weitere Kontakte und tiefer gehende Gespräche.

Small Talk gehört zu den Soft Skills, die in einigen Berufsbereichen auch als Key Skills gewertet werden. Führungskräfte können das Betriebsklima verbessern und die Bindung ihrer Mitarbeiter an das Unternehmen stärken, wenn Sie mit einem lockeren Small Talk Interesse an den Menschen zeigen, die für sie tätig sind (Kapitel 1 und 2).

Gehen Sie aktiv auf andere zu

Ihre Bedenken und Blockaden, selbst aktiv ein Gespräch zu beginnen und fremde Menschen anzusprechen, sind völlig normal. Menschen, denen Sie begegnen, haben sie häufig auch. Aber Sie sind schon auf der Gewinnerseite und zeigen Selbstbewusstsein, wenn Sie das Gespräch eröffnen. Es wird Ihre Stimmung verbessern und die Ihrer Gesprächspartner ebenfalls (Kapitel 3).

Setzen Sie sich nicht unter Druck, etwas Geistreiches oder Witziges sagen zu wollen. Es sollte nur positiv formuliert sein und so allgemein, dass der Angesprochene etwas erwidern kann. Finden Sie Gemeinsamkeiten und vermeiden Sie gegensätzliche Positionen (Kapitel 4).

Mit wenigen Regeln kommen Sie aus

Abbildung 11: Zusammenfassung Small-Talk-Ebenen

Nutzen Sie den Small Talk, um Interesse für den Big Talk zu signalisieren, aber machen Sie dafür einen Termin und verhandeln Sie nicht zwischen Tür und Angel (Kapitel 5, 7 und 13).

Versuchen Sie so oft wie möglich, sich mit Ihrem Namen bekannt zu machen und sich die Namen Ihrer Gesprächspartner einzuprägen. Bekanntheit und Image fördern Ihre Karriere (Kapitel 6 und 11).

Um im Gespräch zu bleiben, zeigen Sie ehrliches Interesse an Ihren Gesprächspartnern und stellen möglichst offene Fragen. Bleiben Sie authentisch, hören Sie zu und lassen Sie die anderen auch reden. Benutzen Sie keine Ausreden, um ein Gespräch zu beenden, sondern sagen Sie die Wahrheit (Kapitel 7 und 8).

Verpacken Sie Sachgespräche wie in einem Sandwich in kurze Gespräche auf der Beziehungsebene und halten Sie sich so die Tür offen für weitere Kontakte, auch wenn Sie an diesem Tag Ihr Gesprächsziel nicht erreichen konnten (Kapitel 10).

Beachten Sie moderne berufliche Umgangsformen. Bereiten Sie als Gastgeber Ihre Veranstaltungen auch in kommunikativer Hinsicht vor und sorgen Sie dafür, dass sich Ihre Gäste untereinander kennenlernen (Kapitel 11 und 12).

Denn wir meinen – mit Small Talk kommen Sie gut zum Big Talk. Dabei wünschen wir Ihnen viel Erfolg.

Glossar

AIDA-Formel

AIDA steht für eine Werbestrategie in vier Schritten nach dem amerikanischen Werbestrategen Elmo Lewis (1872–1948):

Attention (Aufmerksamkeit)
Interest (Interesse)
Desire (Verlangen)
Action (Handlung)

Akquise

Unter Akquise (lateinisch *acquiere*) werden alle Maßnahmen verstanden, die der Kundengewinnung dienen. Es wird zwischen Kalt- und Warmakquise unterschieden. Die Kaltakquise ist das aktive Kontaktaufnehmen zu Kunden, zu denen noch keine geschäftliche Beziehung besteht. Als Warmakquise bezeichnet man die Wiederherstellung eines Kundenkontaktes, beispielsweise um einen Anschlussauftrag zu erhalten.

Aktiv agieren

von lateinisch ›activus‹ (deutsch *tätig*) oder dem Verb ›agere‹ (deutsch *treiben, handeln, tun*). Wir meinen hier im Zusammenhang mit dem Agieren im Gespräch, die Initiative ergreifen, keine Konsumentenhaltung einnehmen, Verantwortung für den Gesprächsverlauf übernehmen, nicht abwarten, sondern machen.

Authentizität

Echt, glaubwürdig und unverfälscht – in unserem Sinne ehrlich und unverstellt auftreten und die eigene Identität wahren. Um einen sympathischen und glaubwürdigen Eindruck zu machen, ist es wichtig, sich selbst treu zu bleiben und sich nicht zu verbiegen. Selbstverständlich erfordert Ihr berufliches Auftreten einen gewissen Grad an Anpassung. Das bedeutet aber nicht, dass Sie sich verstellen und wie ein Schauspieler agieren. Nur wenn es Ihnen gelingt, Ihrem Gegenüber echtes Interesse entgegen zu bringen, wirken Sie glaubwürdig.

Beziehungsebene, Sachebene

In einem Gespräch werden auf der Sachebene Tatsachen mitgeteilt. Die Beziehungsebene meint im Zusammenhang mit unseren Texten die emotionale Einstellung zum Gesprächspartner. Hier sind auch alle persönlichen Mitteilungen gemeint, also auch Tatsachen, die nicht zum eigentlichen Sachgespräch gehören, zum Beispiel Verkaufsgespräch, Terminabsprachen, Mitteilung über Fakten.

Distanzzone

Unter dem Begriff Distanzzone wird der räumliche Abstand verstanden, den wir im Gespräch mit anderen Menschen einhalten sollten. In der mitteleuropäischen Kultur unterscheiden wir zwischen der

intimen Distanz (ungefähr 50 cm), so nahe möchten wir nur nahe stehende Personen an uns heranlassen,
der **persönlichen Distanz** (ungefähr 120 cm), Gespräche mit Freunden, Kollegen und näheren Bekannten,
der **sozialen Distanz** (120 bis 300 cm), neutrale Kontakte, zum Beispiel im Büro, am Arbeitsplatz
und der **öffentlichen Distanz** (ab 300 cm) in der Öffentlichkeit.

Das Eindringen in eine uns nicht zustehende Distanzzone eines anderen wird als Angriff empfunden.

Elevator Pitch

Kurzpräsentation der eigenen Person, eines Produktes, einer Idee oder eines Unternehmens innerhalb sehr kurzer Zeit. Als Maßeinheit dient eine gemeinsame Fahrt im Aufzug von circa 120 Sekunden.

Emotionale Intelligenz

Der Begriff Emotionale Intelligenz – EQ in Anlehnung an den IQ-Intelligenzquotienten – wurde in den 1990er-Jahren zunächst in den USA geprägt. Emotionale Intelligenz beschreibt die Fähigkeit, auch Gefühle anderer korrekt wahrzunehmen und darauf angemessen zu reagieren.

Empathie

Ist die Fähigkeit, sich in andere Menschen hineinzuversetzen und ihre Gefühle, Gedanken und Absichten zu erkennen und zu verstehen, Anteilnahme und Interesse für die Gefühlslage anderer zu empfinden.

Eventcoaching

Die kommunikative Vorbereitung der Gastgeber auf eine Firmenveranstaltung.

Grüßen und Begrüßen

Es gibt keine einheitlichen Auffassungen, worin der Unterschied zwischen Grüßen und Begrüßen besteht. Häufig wird unter Grüßen die berührungslose Kontaktaufnahme verstanden, das Hallo auf dem Flur oder im öffentlichen Raum, man richtet Grüße an nicht Anwesende aus oder beendet ein Schreiben mit einem freundlichen Gruß. Das Begrüßen ist zumeist (aber nicht immer) mit einem Handschlag verbunden, dem ein paar Sätze folgen, zum Beispiel: *»Guten Tag, Herr Cerny, schön dass wir uns mal wieder treffen«.*

Karrierefaktor

Einflussgröße auf die berufliche Laufbahn.

Kleines Gespräch – Formel

Begrüßung

Einstiegsbemerkung

Name

Kontaktgespräch – Formel

Begrüßung

Einstiegsbemerkung

Name

PI = Persönliche Information

Frage

Körpersprache

Nonverbale Signale, die wir meist unbewusst durch Haltung, Stimme, Betonung und Bewegung aussenden. Auch die Wahrnehmung dieser Signale bei unseren Gesprächspartnern erfolgt zumeist unbewusst. Auch wenn wir bewusst unehrlich sind, zum Beispiel nicht ehrlich empfundene Komplimente machen oder ein falsches Lächeln aufsetzen, verrät unsere Körpersprache, dass irgendetwas nicht stimmig ist und irritiert möglicherweise unsere Gesprächspartner.

Konsumentenhaltung

Passive, abwartende Haltung. Erwartung, dass andere die Initiative ergreifen und uns unterhalten wie ein Fernsehapparat.

M **Manipulation**

Die gezielte, oft verdeckte Einflussnahme auf das Verhalten von Gesprächspartnern in eine gewünschte Richtung.

N **Netzwerken**

Zu einer Gruppe von Menschen gezielt Beziehungen herstellen, um durch gemeinsame Interessen, Wissensaustausch, Empfehlungen oder Ähnliches voneinander zu profitieren.

P **Paraphrasieren**

Einen Text sinngemäß, aber nicht wörtlich wiederholen. Wird gern eingesetzt in der Fragetechnik, um eine sogenannte Ja-Frage zu formulieren, also eine Frage, die sinngemäß nur mit Ja beantwortet werden kann. Auch in Konfliktgesprächen ist das Paraphrasieren nützlich, um die Schärfe aus einer Diskussion zu nehmen und zu signalisieren, dass man das Argument oder den Vorwurf des anderen zur Kenntnis genommen und verstanden hat, bevor man darauf eingeht.

Pitch

(deutsch *werfen, neigen, stimmen*) Unter dem Betriff ›Pitch‹ wird in der Wirtschaft ein sehr kurzes oft unverhofftes Verkaufsgespräch verstanden (siehe Elevator Pitch). Unternehmen fordern mehrere Werbeagenturen im sogenannten Agenturpitch auf, in kurzen, prägnanten Präsentationen um den Etat eines Unternehmens gegeneinander in den Wettbewerb zu treten.

Präsenz

Merkbar anwesend sein.

Sachebene

siehe *Beziehungsebene*.

Schlüsselqualifikation/Schlüsselkompetenz

Über das Fachgebiet hinausgehende, erwerbbare allgemeine Fähigkeiten wie Kommunikationskompetenz, Teamfähigkeit, soziale Verantwortung, Entscheidungs- und Analysefähigkeit, Kritikfähigkeit, vernetztes abstraktes Denken. Schlüsselqualifikationen, auch Schlüsselkompetenzen oder Soft Skills genannt, sollen als Schlüssel zur Aneignung von sich schnell änderndem Fachwissen dienen, zum Handeln und zur Lösung von Problemen befähigen.

Schwarmintelligenz

Kollektive Intelligenz, danach wird das Wissen einer Gruppe zu einem sogenannten Superorganismus zusammengefasst, dieser Grundgedanke wurde zuerst beschrieben in Aristoteles Hauptwerk Politik als Summierungstheorie.

Small-Talk-Ebenen

Verschiedene Situationen, in denen es Möglichkeiten zum Small Talk gibt.

Soft Skills

Auch soziale Kompetenz, die sogenannten weichen Fähigkeiten, die über die eigentliche Fachkompetenz hinausgehen, aber wesentlich für den beruflichen Erfolg sind – siehe auch Schlüsselqualifikationen, Schlüsselkompetenzen.

Soziale Kompetenz

siehe *Soft Skills*.

Souverän

Selbstsicheres, überlegenes Auftreten und Handeln.

Strategie

Plan oder Taktik, um ein Ziel zu erreichen.

T Tabu

Ungeschriebenes Gesetz über bestimmte Themen nicht zu sprechen oder bestimmte Dinge nicht zu tun.

W Die Wahrheit sagen, ehrlich sein

Hier ist nicht gemeint, dass Sie Persönliches, Intimes oder Betriebsinterna ausplaudern oder beleidigende Wahrnehmungen von sich geben. Vielmehr sollen Sie so ehrlich wie möglich auftreten und keine Ausreden oder Vorwände nutzen. Wenn Sie beispielsweise ein Gespräch beenden wollen, tun Sie dies mit der gebotenen Höflichkeit, aber seien Sie dabei aufrichtig.

Wertschätzung

Im Zusammenhang mit Small Talk bedeutet Wertschätzung, Gesprächspartnern mit Achtung zu begegnen, ihre Anliegen nicht herabzusetzen und die Würde des anderen zu respektieren.

Win-win-Situation

Ein Geschäft oder eine Vereinbarung, von der alle Beteiligten einen Nutzen haben.

Literatur

Bundesanstalt für Arbeitsschutz und Arbeitsmedizin, Initiative Neue Qualität der Arbeit (2014): Monitor Führungskultur im Wandel., http://www.bmas.de/DE/Service/Presse/Pressemitteilungen/studie-fuehrungskultur.html

Casciaro, Tiziana; Francesca Gino; Maryam Kouchaki (2014): The Contaminating Effects of Building Instrumental Ties: How Networking Can Make Us Feel Dirty Vol. 59, S. 705-735.

Deutscher Industrie und Handelstag (2004): Erwartungen der Wirtschaft an Hochschulabsolventen. Als PDF-Broschüre zu finden unter: www.dresden.ihk.de

Epley, Nicholas; Juliana Schroeder (2014): Mistakenly Seeking Solitude. Journal of Experimental Psychology, Online First Publication, July 14. http://dx.doi.org/10.1037/a0037323.

Granovetter, Mark (1973): The Strength of Weak Ties. American Journal of Sociology Vol. 78, S. 1360–1380.

Heidenreich, Kevin (2011): Erwartungen der Wirtschaft an Hochschulabsolventen, Deutscher Industrie und Handelstag. https://www.muenchen.ihk.de/de/.../dihk-umfrage-januar-2011.

Karinthy, Frigyes (1929): Láncszemek. Eine Kurzgeschichte, zu Deutsch ›Kettenglieder‹, Englisch ›Chains‹, die in Ungarn 1929 erstmalig veröffentlicht wurde und Grundgedanke vieler weiterer Erhebungen war. Verlag unbekannt.

LAB Lachner Aden Beyer & Company in Zusammenarbeit mit der Hochschule Coburg (2012): 27. Managerpanel: Die häufigsten Führungsfehler der Chefs. http://labcompany.net/de/press/releases/2012/148/

Lacotta, Lee (1985): Eine amerikanische Karriere. Econ Verlag.

Lay, Rupert (1976): Dialektik für Manager. Rowohlt Taschenbuch Verlag, S. 10.

Leskovec, Jure; Eric Horvitz (2007): Worldwide Buzz. Planetary-Scale Views on an Instant-Messaging Network, Microsoft Research Technical Report MSR-TR-2006-186, Microsoft Research.

Morrow, William (1977): The Book of Lists. William Morrow & Company.

Mühlisch, Sabine (2006): Fragen der Körpersprache: Antworten zur nonverbalen Kommunikation. Junfermann Verlag.

Statistisches Bundesamt (2014): Strukturerhebungen im Dienstleistungsbereich Werbung und Marktforschung.

Travers, Jeffrey; Stanley Milgram (1969): An experimental study of the small world problem. Sociometry Vol. 32, S. 425–443.

Weiterführende Literatur

Aris, Silke (2010): Small Talk im Beruf, Heragon Verlag.

Kessler, Annette (2010): Vom Small Talk zu Konversation, GABAL.

Lermer, Stephan (2003): Small Talk. Nie wieder sprachlos. Haufe Verlag.

Märtin, Doris; Karin Boeck (1998): Small Talk, die hohe Kunst des kleinen Gesprächs: Heyne Verlag.

Müller, Jörg; Sabine Weiden (2002): Small Talk, Kleine Gespräche mit großer Wirkung, Droemer Knauer.

Pfister, Dirk; Anke Quittschau; Christina Taberning (2005): Business Knigge für Männer, Haufe Verlag.

Ruhleder, Brigitte (2001): Umgangsformen im Beruf, GABAL.

Schäfer-Ernst, Barbara (2002): Geschickt kommunizieren, Fit for Business.

Taberning, Christina; Anke Quittschau (2005): Business Knigge für Frauen, Haufe Verlag.

Topf, Cornelia (2002): Small Talk, Haufe Verlag.

Die Autorinnen

Aus der Praxis für die Praxis – ist die Philosophie der beiden Autorinnen. Aus dem Bedarf im beruflichen Alltag haben sie Seminarprogramme für den Business-Small-Talk entwickelt. Zahlreiche Anregungen von Seminarteilnehmern haben das Konzept vervollständigt und verfeinert, sodass nun ein klares Regelwerk für Small Talk im Geschäftsleben vorliegt.

Dr. Ilona Quick

Nach dem Lehramtsstudium in Kassel und Promotion an der Queen's University of Belfast, entschied sich Ilona Quick für eine Laufbahn mit Schwerpunkt Kundenkommunikation, Akquise und Vertrieb.

Ihre Erfahrungen, wie man mit Kunden ins Gespräch kommt, die sie im Außendienst eines großen Pharmaunternehmens, im In- und Außendienst eines wissenschaftlichen Verlages sowie in der Immobilienbranche gemacht hat, gibt sie heute in Seminaren und Vorträgen weiter.

Sie ist verheiratet, hat einen Sohn und lebt in Berlin.

Renate Birkenstock

war 35 Jahre Anzeigenleiterin in einem nam-
haften wissenschaftlichen Verlag. Als Mitglied
der Kommission Anzeigenmarketing für Fach-
zeitschriften der Deutschen Fachpresse hat sie
mitgewirkt, die Bedeutung der Fachliteratur in
der Öffentlichkeit und werbetreibender Wirtschaft darzustellen und transparent zu machen.
Mit diesem Buch möchte sie das Bewusstsein dafür wecken, welchen
Stellenwert Kommunikationskompetenz hat und zeigen, wie man mit
einem kleinen Gespräch wichtige Kontakte herstellen kann.
Sie lebt mit einem Hund und zwei Katzen in einem Vorort von Berlin.

Kontakt:

E-Mail: office@smalltalk-training.de
Internet: www.smalltalk-training.de

Einfach schlagfertig

Petra Schächtele-Philipp, Peter Kensok
Einfach schlagfertig
10 Strategien, die jeder anwenden kann

232 Seiten; 21,80 Euro
ISBN 978-3-86980-290-9; Art.-Nr.: 959

Bücher über Schlagfertigkeit gibt es viele – ultimative Tipps noch viel mehr. Trotzdem kontern wir spätestens bei der nächsten Verbalattacke mit betroffenem Schweigen. Meist fällt uns die passende Antwort gar nicht ein oder wieder einmal zu spät. Wir trauen uns einfach nicht, sind zurückhaltend und stecken deshalb lieber ein, statt uns zu wehren.

Petra Schächtele-Philipp und Peter Kensok zeigen Ihnen in diesem Buch ausgewählte Methoden für schlagfertige Antworten. Denn ein Grundrepertoire an Schlagfertigkeitstechniken kann sich jeder aneignen. Vergeuden Sie keine Zeit mit ausgefeilter Verbalakrobatik, sondern wenden Sie an, was schnell und wirklich funktioniert: Verblüffen Sie beim nächsten Mal Ihr Gegenüber mit Humor und respektvoller Aggression.

Selbstwirksamkeit

Jens Korz
Selbstwirksamkeit
Innen klar, nach außen stark

ca. 192 Seiten; 21,80 Euro
ISBN 978-3-86980-300-5; Art.-Nr.: 967

Sie lösen Aufgaben besser als Ihre Kollegen, Sie leisten mehr und haben bessere Arbeitsergebnisse? Dennoch werden immer die anderen von Kollegen und Vorgesetzten mit Lob überhäuft? Ihnen bleibt immer nur die Rolle als ›silent expert‹ im Hintergrund? Dann ist es Zeit, sich selbst neu zu entdecken, die persönlichen Stärken in den Vordergrund zu bringen und endlich aus dem Schatten ins Licht zu treten.

Der Persönlichkeitscoach Jens Korz verrät in seinem neuen Buch, wie Sie Ihre Leistungen ins rechte Licht rücken, souverän und selbstsicher auftreten und Ihr Umfeld beeindrucken. Mit der erfolgreichen Symbiose aus Psychologie, Methoden des Schauspiels und ein wenig Selbstcoaching werden Sie sich von limitierenden Glaubenssätzen trennen, Ihre Potenziale erkennen und Ihre Selbstwirksamkeit erhöhen.